余秋雨文化观二十问

余宗其◆著

中国财富出版社

图书在版编目（CIP）数据

余秋雨文化观三十问/余宗其著．—北京：中国财富出版社，2014.1

ISBN 978-7-5047-5045-7

Ⅰ.①余…　Ⅱ.①余…　Ⅲ.①余秋雨—文化思想—研究　Ⅳ.①I206.7②G0

中国版本图书馆CIP数据核字（2013）第277781号

策划编辑　张艳华　　**责任印制**　何崇杭

责任编辑　张冬梅　宋宪玲　　**责任校对**　饶莉莉

出版发行　中国财富出版社

社　　址　北京市丰台区南四环西路188号5区20楼　　**邮政编码**　100070

电　　话　010-52227568（发行部）　　010-52227588转307（总编室）

010-68589540（读者服务部）　　010-52227588转305（质检部）

网　　址　http://www.cfpress.com.cn

经　　销　新华书店

印　　刷　北京京都六环印刷厂

书　　号　ISBN 978-7-5047-5045-7/I·0110

开　　本　710mm×1000mm　1/16　　**版　　次**　2014年1月第1版

印　　张　14.25　　**印　　次**　2014年1月第1次印刷

字　　数　226千字　　**定　　价**　29.80元

自 序
《余秋雨文化观三十问》缘由

当代中国文化界对文化学者余秋雨的评价，呈两极分化之势。褒之者，加以“大师”、“巨匠”之类的美誉；贬之者，以“文化口红”相讥讽。用学术的严肃态度，从学理上批评余秋雨的文化散文的不足之处，也不乏其例。如有学者说：“文化散文夹叙夹议、夹抒夹议，重视文化的联想，有时候为了叙述与表达的需要，把一些本来不具备传奇性与戏剧性的材料按照想象的方式进行处理，难免有装腔作势、书写矫情之嫌。这种缺陷在余秋雨的不少散文中都明显存在。”（吴秀明《当前文化现象与文学热点》）

《余秋雨文化观三十问》既不急于把余秋雨捧到天上，更无意于把他按入地下，还不打算从学理讨论其文化散文写作的得失，而只是关注一个焦点问题，就是将他在各种文章、著作、演讲中对文化所发表的议论的不足之处，一一加以讨论。全书共三十篇文章，每一篇讨论一个问题。

概括说来，余秋雨的文化观的不足之处共有十种基本类型：一是对文化缺乏整体理性的全方位打探，所议流于笼统而空疏；二是某些观点时常前后矛盾，或对某种文化现象有若干不同指称，不知所持真实观点何在；三是厚古薄今的价值取向导致脱离现当代文化实际太远；四是浮光掠影式的感悟多于真知灼见式的结论；五是不断重复自己，创新、拓展力度不足；六是用语言表述技巧掩盖思想、理论的贫乏迹象明显；七是对中外文化解读所得基本结论难以成立，甚至是根本性的误读；八是对有些文化人物、文化作品、文化现象，讲得不少，但终究没有到位；九是某些正确提法或不当的提法在论者那里往往一晃而过，大有抓住不放加以讨论的必要；十是谈论文化现象时缺乏统一范畴，显得杂乱无归属，若提出并运作相应概念便可立即改观。

以上十种不足并非等同关系，就其严重程度而言，最有可能给论者带来全局性、致命性损害的东西，应是排在最后的第十种缺陷。借此机会，这里着重谈谈这一点。

余秋雨的文化观的一个重大理论空缺，是没有引进文化学上的一系列范畴及其相关理论基础，于是导致他对文化的思考只能流于一己的感性议论、经验描述、情绪发泄。例如文化变迁、文化采借、文化残余、文化冲突、文化创新、文化精神、文化景观、文化民族学、文化模式、文化潜移、文化区域、文化社会学、文化物质、文化唯物论、文化系统、文化相对论、文化语言学、文化整合、文化滞距等，而文化研究中非用不可的范畴或理论基础，全都不见于他的文化议论，致使他的全部文化观既不规范，又无归属，还没有实质性的内涵，自成一家的文化理论系统更是连苗头都不曾显示出来。

至于文化哲学，倒是经常挂在余秋雨嘴边，而究其实际，只不过在故作高深莫测罢了，何尝运用到文化研究的实践中去呢！文化哲学是从哲学角度研究文化的本质、特征及其发展规律的学说。余秋雨的学术经历是读古书、研究戏剧史和文艺理论、创作文化散文，无暇研究文化哲学，故只能提一提空头概念。他把给北大学生的四十七堂文化课讲义称作“文化哲学”，谁也不敢苟同。

一旦引进上述文化专业的行话，再回头看一看余秋雨所谈论的那些文化课题的真相以及论者的差距，就都不言自明了。余秋雨反复讲到的君子之道、中庸之道，关系密切，几乎等同，应视为一个“文化丛”，可命名为“君子·中庸之道”，它是儒家文化的一个重要组成部分，也是儒学研究上运作频率最高的功能单位。一般学者习惯于把这不可分割的文化丛分割为二加以分别谈论，情有可原，而余秋雨作为文化学者也如此运作，就是失职了，其弊端在于越说越糊涂。以文化丛论之，其基本精神立刻清晰呈现出来：君子是儒家人格理想，中庸是这人格理论的具体化，由《中庸》一文做出了理论上的阐释。文化丛的理论眼光，就这么有穿透力、整合力！

人格、人格理想、集体文化人格是论者文化观中首屈一指的大热门话题。我们从他一系列文化散文、演讲中看到的不过是上百个大同小异的概念，不见有多少切实见解，一旦引进与人格有关的理论范畴与学术方法，又可收到立竿见影的效果。

首先，人格是法律、哲学、心理学、伦理学等学科的对象之一，从文化上研究人格，理所当然需要这些专业理论的烛照。法律上的人格，指的是权利、义务，是人格尊严不受侵犯。哲学上的人格，把人、我、人格看作是同义语。心理学上的人格，指的是人的个性，即稳定的心理品质。伦理学上的人格，注重道德修养，强调人格平等。但是，余秋雨的人格观却是笼统的，无所依倚的，尤其每每纠缠于君子与小人的区别，更是践踏了现代社会的人格尊严、人格平等、个性特征等价值观念。

其次，人格的文化阐释的深入开展，跟迫切需要引进众多文化学范畴、理论一样，也迫切需要在人格学上做相应的引进工作。诸如人格测验、人格结构论、人格解组、人格精神分析说、人格类型论、人格适应、人格特质论、人格心理学、人格障碍、人格整合等，涉及人格的研究方法、人格的理论框架、人格在社会生活中的运作、人格的尊重与改造方面。余秋雨的人格观，大抵停留在班主任给学生写期末评语的层面上，只有他心目中的最后的人格点评，其他一切全是空白。

特别需要强调的是，余秋雨在他的文化定义中提出“通过积累和引导，创建集体人格”的文化任务，到底如何完成，应当是论者一直悬而未决的疑案。笔者在思考中，也一直有不能消解的疑惑。“引导”之说，就难解难分。文化自身不能“引导”文化，这是不用多说的道理。那么由文化学者来“引导”，除了余秋雨有这份雄心壮志和胆量，恐怕没有第二个人能站出来勇挑重担。再说“创建”方式、方法、途径何在？我也想不出来。最后“集体人格”的落脚点，更不知该放在什么地方。余秋雨倒是提供了一个答案，但叫人很不放心。他说：

> 这四则神话（指精卫填海、夸父追日、女娲补天、嫦娥奔月——引者注）的主角，三个是女性，一个是男性。他们让世代感动的是躲藏在故事背后的人格。这种人格，已成为华夏文明的集体人格。（余秋雨《中国文脉》）

笔者对这答案不放心的原因很多：有多少读者，就有多少读后感，恐怕不作硬性要求，谁也读不出里面“华夏文明的集体人格”的标准答案；神话是人类刚离野蛮时代、科学水平落后的条件下的产物，今天追认这些神话传说人物体现的“集体人格”，是不是有开历史倒车，穿越到上古蒙昧的年代里去的嫌疑；再说，既然上古时代早已有了华夏的“集体人格”，我们尽可享用现成的精神大餐好了，还劳神费力去“创建”干嘛？

在万般无奈中，笔者把关于上述文化、人格的相关理论放在一起琢磨，总算是找到了一点头绪。所谓“集体人格”，应当是“文化整合”的产物。什么是文化整合呢？它是——

> 各种文化协调为整体的过程或整体化的状态。文化对社会的重要功能之一。可帮助社会成员形成大体一致的价值观，使规范内化为社会成员的行为准则，异质多元社会中不同的部分互相补充和彼此适应，从而使社会结构成为一个协调统一的整体，实现民族团结和维持社会秩序。（《辞海》）

中国文化的集体人格，就是中国文化整合的结晶。其整合过程，是中国文化自身的发展过程，由无数文化的创造者和传播者以他们的有效工作方式和积极成果为基本表现形态，不存在局外的任何“引导者”和“创建者”。由此可知，中国文化的理想集体人格，迄今为止，尚处在逐步形成或结晶过程中，远远未到可宣告大功告成的火候。

反观余秋雨遍地可寻的文化人格论，不过是他手中的文化王牌之一，上面写满了人格、人格理想、集体人格、人格类型之类的字样，一遇到某个文化话题，就拿出来压场助阵。例如，他谈到的神话有人格，一个个汉字都有人格，历代文人作家有种种人格，科举考试千年中有“科举人格”，“文革”中有破碎的人格，青年一代有待建的独立人格，上海人有集体的人格，山西人有“十分强健的人格”……总之，这张王牌一出，其全部文化感悟似乎都因之而提升了文化品位。可问题的症结恰在“文化整合”空缺，导致全盘不知所云。

余秋雨还有一张文化王牌，上面写满了文脉、诗魂、神韵、审美、美的享受之类的字样，一到发表俯视文化的宏伟高论的场合，就拿出来，似乎立马显示出高深莫测的神奇效果。

被这两张王牌统率的一张张普遍牌，可分为桃、杏、梅、方四个花色：桃，指的是对历代文化人、文化作品排座次，神情庄重，应命为黑桃；杏，指的是大讲文化人的年龄、传记材料以及传奇故事，引人注目，可谓之红杏；梅，指的是用高超的语言技巧，随时发表情景式的文化感悟和议论，犹如梅花盛开；方，指的是论者不断自我推销，给人的印象是一个方正且有棱角的文化学者出现在眼前。

如此说来，余秋雨的全部文化议论酷似在玩一副特制的扑克牌。

《余秋雨文化观三十问》就是由反思论者的诸种不足、空白而出现的。三十篇文章，针对的就是上述十类问题及其倾向性的表现。以下对此作简略说明。

按三十篇文章所谈问题学理性质，可分为两组：一组是文化学原理之问，另一组是中国文化之问。这就是全书分为上下两编的理由。

以每篇文章所批评的余秋雨的文化观的缺憾而论，它们的针对性也各有归属。

属于批评余秋雨上述第一种缺憾的文章共有《怎样给文化下定义》、《文化与人格是什么关系》、《什么是人格理想》、《什么是文化上的集体人格》、《如何评价〈隆中对〉》五篇。

属于批评余秋雨的上述第二种缺憾的文章是《中庸之道到底是什么》。

没有一篇文章批评上述第三、第四、第五、第六种缺憾，这是因为它们随时随地在受批评，缺失多得无从单打似的一对一。

属于批评第七种缺憾的有八篇文章：《文化问题没有简单的是非吗》、《文化有没有国际标准》、《文化的最终目标是在人世间普及爱和善良吗》、《把“专业”当“文化”是闹“误会”吗》、《中国文化的首要特征是在“社会模式”上建立了“礼仪之道”吗》、《中国文化疏于实证意识吗》、《中国文化的弊病之一是疏于法制观念吗》、《怎样理解中国文化的中断与转型》。

属于批评第八种缺憾的有四篇文章：《什么是文字狱》、《怎样评价老子》、《怎样评价孔子》、《跖是负面人物吗》。

属于批评第九种缺憾的有四篇文章：《怎样对待文化细节》、《什么是文化哲学》、《怎样把文化“做大”》、《什么是“格物致知”》。

属于批评第十种缺憾的有八篇文章：《什么是人身文化》、《怎样给文化分类》、《法律与美是什么关系》、《法律与悲剧是什么关系》、《法律与喜剧是什么关系》、《什么是文化语言学》、《怎样解读法律文化——评〈行者无疆〉》、《怎样解读佛经中的戒

律》。

多年来,我一直在点名道姓地对文化人说三道四,本书三十篇文章更是全力集中在余秋雨一人身上。这并非笔者好斗,实在是心中有一个顽固的信念:真理越辩越明。自然,我不敢自以为是,欢迎大家反批评。

余宗其

2013年12月

目　录

上编　文化学原理之问

下编　中国文化之问

上编

文化学原理之问

怎样给文化下定义

在笔者近来的文化思考中，常感到“怎样给文化下定义”的问题，是一个最莫名其妙而又非解决不可的大难题。余秋雨的文化议论中的瑕疵，在这里也暴露得很充分。

一　为文化下无谓定义的热潮应当平息

要想给文化下一个无可挑剔的定义，首先得弄清文化学者在此较劲的学术行情。一提这行情，我就觉得19世纪以来这里为文化下无谓定义的热潮一浪高过一浪，你方唱罢我登场，一人一套自由腔，直到今天仍然没有退潮的迹象。不立即宣告彻底结束这种无谓的学术行为，文化研究的全局就势必一天天沦为整体的闹剧。因为，连什么是文化的基本问题都弄不明白，能够认为各种所谓研究成果含有真理元素吗?

当我试图了解文化定义上的学术行情的时候，我对纷繁冗杂的学术资料，无所适从。以统计数据而言，有的说各种文化定义“近两百种”，有的说已有“两百多种”，有的说大约三百种。

再看各种具体定义，杂乱无章，没有头绪。感谢冯天瑜等三位博导下大功夫，对一两百年来的文化定义乱麻团加以梳理，归纳为以下十种类别：

（一）在19世纪进化论思维框架内展开研究的古典进化论者所下的文化定义；

（二）传播学派的文化定义；

（三）历史地理学派的文化定义；

（四）文化形态史观派的文化定义；

（五）功能学派的文化定义；

（六）结构学派的文化定义；

（七）新进化论学派的文化定义；

（八）符号—文化学派的文化定义；

（九）苏联学术界的文化定义；

（十）现代华人学者的文化定义。

（冯天瑜等《中华文化史》）

这罗列出来的十大类型的文化定义，恰如一张节目单。登台的表演者只顾自己尽兴表演，根本不顾及左邻右舍的演员都表演了什么，也不顾台下观众是否感兴趣。

我看完了这节目单，也看了节目单上的各项具体说明，总印象是各有各的理，一时难分高下。于是，特别期待三位博导所推出的理想的文化定义。不料，论者们笔锋一转，大讲“文化的实质性内蕴”和“文化结构”去了，没有下一个明确的定义，这一下就叫人感到更加索然无味了：花几万字篇幅讲文化“概念”，不就是为了最后下一个科学定义吗？既然不下定义或用不着下定义，这几万字不是白白浪费了吗？

21世纪的文化研究，若想摆脱困境，自然就应当站在正确的有明确进行方向和目的地的起步线上。而要这样做，就得当机立断，大声宣告文化定义上持续至今的所有无谓表演立即停止。

二　余秋雨的文化定义名不副实

我们对文化学者余秋雨寄有厚望，期盼他在平息文化定义的热潮上有所作为，而事实却是他的所作所为恰恰对此起到了推波助潮的作用。请看他的自我表白：三年前，我在香港凤凰卫视的《秋雨时分》谈话节目中公布了自己拟定的一个文化定义。我的定义可能是全世界最简短的——

文化，是一种包含精神价值和生活方式的生态共同体。它通过积累和引导，创建集体人格。（余秋雨《何谓文化》）

此时，论者对自己的文化定义虽然自信是“全世界最短的”，但毕竟底气不足，带上了“可能是”的推测语气。时隔不久，在最近推出的“文化定义”的闪问闪答中，论者又一次提到这个定义，推测语气没有了，换上了确认语气：“这，肯定是世界上最短的。”（余秋雨《北大授课》）

谁也不会相信论者在不长的时间内把自己的文化定义拿来同别人做了一次全面的比较，这才底气上涨到十足的刻度上，“肯定”了它是“世界上最短的”文化定义。既然没有做这比较，那么“肯定”之词，只能是自吹自擂。

更讽刺的是，论者的“肯定”说在大量事实面前彻底露馅了。上述三位博导罗列的“华人学者的文化定义”中，以“短”著称的有好几例，它们都比余秋雨的定义短：

梁启超的定义是：“文化者，人类心能所开积出来之有价值的共业也。”

蔡元培的定义是：“文化是人生发展的状况。”

梁漱溟的定义是：“文化，就是吾人生活所依靠之一切。”他还有一个更短的定义：文化“是生活的样法”。（冯天瑜等《中华文化史》）

由此可知，论者的自我“肯定”完全没有事实依据，如此大胆地在电视上做节目，在课堂上讲课散布主观臆断之词，已将无谓升格为荒诞。

此外，论者的文化定义自身因有概念含混的因素夹杂其间，故有违下定义的一般逻辑规则。请注意上述定义中的“引导”和“创建”两个动词。文化本身不能“引导”和“创建”文化以外的什么东西，也不能自己“引导”和“创建”自己，一定有“文化”以外的人，才可发出这两种动作。人一旦参与“文化”，那么这个“文化”定义就乱了套。这种致命的毛病几年中不被论者觉察，还自我感觉良好地一再公之于世，又是一种无谓的文化定义。

我以为论者的文化定义有可取之处，于是试图删去“引导”和“创建”这两个含混的动词，另外加进一个“形成”的动词，从而变成如下定义，供大家参考：

文化，是一种包含精神价值和生活方式的生态共同。它通过积累形成集体人格。

三 笔者的文化定义与建议

笔者既然期盼21世纪的文化研究改弦更张，彻底从无谓、荒诞氛围中解脱出来，就不免自不量力地思考文化定义，并想向学界提出相关的学术建议。

实事求是地说，人类的理性、精神领域发展到今天，各门学科应有尽有，完整的大规模的学科空白已经不存在了。相反，倒是自然科学与社会科学的截然分家、各家内部又学科林立、“专业山头”延绵不断所造成的理性荒废现象触目惊心。其中尤其是当今国内外文化人百分之九十以上不懂法律，而法律信息自身渗透一切，无处不在，于是乎文化人在自身专业内发言就免不了大吃苦头，闹出无计其数的错误与笑话。这种现状，迫切要求新兴的文化研究承担整合人类智慧的重任。在考虑给文化下定义时，一定要注意它的强大整合功能，充分考虑到文化学者从事文化研究的实践活动范围与努力方向。这是摆脱文化定义史上的痼疾的基本途径。因此，笔者拟出的文化定义是：

文化，是人类创造的一切物质成果与精神成果的总和。

这个定义大力突出了文化的无所不包的整合性。唯其如此，在学科门类齐全、完备的现代条件下的文化研究才有它不同寻常的意义，就是整合人类一切智慧，使广大读者和各学科专家、学人都可从这里各取所需，吸取各自所欠缺的营养，同时也为文化研究发展、完善提供契机。

在这个定义中，虽然物质成果与精神成果并列，但这并不意味着二者同等重要，平分秋色。文化研究者都知道，在物质文化层面潜藏的精神文化才构成文化研究的对象。纯物质的东西，不过是无文化生命的躯壳罢了。拿人自身作比方，酣睡中的人、植物人、停止了呼吸的人，都只是人的肉体存在，而活生生的人才是灵肉统一的人。文化巨人的物质、精神关系也如此。

笔者的建议是，很少使用的文化学概念应当正式启用，宣告文化研究的理论成果的归属是文化学。从文化研究的状况看，文化学一般原理似乎空缺；文化史学格外发达，各种论著充斥；文化哲学、文化语言学不太发达；比较文化学、心理文化学有专著问世；法律文化学有待建立。

文化学的全部理论系统可用下图标记出来：

文化学
- 文化学原理
- 文化史学
- 文化哲学
- 文化语言学
- 比较文化学
- 心理文化学
- 法律文化学

关于文化哲学、文化语言学、法律文化学，笔者均有专文讨论，此处不赘言。

当这张图表开列出来之后，不免又要谈到余秋雨的文化议论了。《北大授课》一书他自认为是文化史，但我认为其同客观文化史距离甚远，这可一议。而此外见于他的文化散文中的议论，我一向认为是情境性的感悟、浮光掠影式的议论，原因无不在于它们难以找到文化学上的理论归属。

若笔者的上述文化定义、建议、理论系统构想成立，那么余秋雨作为文化学者在文化理论上恐怕唯有来一个大转型，才有望踏上正轨。

文化问题没有简单的是非吗

余秋雨在北京大学给学生讲中国文化史的时候，曾断言："文化问题往往没有简单的是非。"（余秋雨《与北大学生谈中国文化》）我以为，这不符合客观事实，且容易误导做学问的文化人，应加以讨论。

一　文化上简单是非多如牛毛

只要留心文化现象，就会不断发现许许多多认识上的错误原本一点也不复杂，但就是难以避免。以下所列举的，就是这类简简单单的文化是非现象。

学生写错别字这件事，从小学到大学，没有哪一个语文老师能够容忍，于是批改作文就把纠正错别字作为一项基本任务了。单讲这里的简单是非之多，谓之多如牛毛，一点也不过分。

一字不认的文盲，似乎不会犯写错别字的错误，然而也有类似的简单是非出现。请看两个事例。有一回住院，同室病友闲聊，一位从乡下进城陪护孩子的中年农民说了下面一段话：

> 饱暖思淫恶，饥饿起盗心。这话太对了。你想，那鸡子饿了，不吃稻芯吃什么呀？

在他心目中，没有"饥饿"的概念，因此对他自己引用的俗话就产生了误解，从而把"饥"说成了"鸡"，把"盗"说成了"稻"。这与学生作文写别字，出于同样的原因，用同音字取代了正字。

再看一个例子。我母亲喜欢看电视。有一天，电视节目播出了几则寻人启事，失踪者身材都“较瘦”。母亲一听，竟很生气，说：“都是教授!”这事过去了二十几年，至今仍使我在思考文化问题时不断想到。我总在想，那位农民和我母亲，都是因为不识字，而出了他们无论如何也弄不明白的文化之错。可以说，在中国范围内，凡是文盲，他们都会把文化人说出来的“较瘦”二字，等同于“教授”二字。因为，他们不知“较瘦”为何物。

若放眼文化界，简单的是非也多得很。早在十八年前的拙著《法律与文学的交叉地》中，我就指出过：当今作家笔下因缺乏法律常识而出现了一系列错误。这里再举几个例子。有一位著名作家写道：“百日后，小水离婚了。”所谓“百日后”，指的是小水的丈夫死去一百天之后。配偶的一方去世后，意味着法定夫妻关系的自然解除，哪还有什么“离婚”可言呢。有一位作家写私营老板犯了“渎职罪”。此罪的犯罪主体只能是国家公职人员，对私人企业老板不可用这一特定罪名去追究其罪责。有作家写法院审理当今中国的案子出现了陪审团，这是受别国法律影响而造成的差错。

在出版部门，简单得不能再简单的是非同样一再碰见。傅雷先生在译介巴尔扎克的小说《花粉商盛衰记》的序言中指出：懂得“私法”的学人可从小说中受到深刻教益。这本是卓有见地的提示，然而在再版这部小说时，编者将“私法”的关键词改成了“司法”。这一改，就把小说的旨意连同傅先生的画龙点睛之笔变得莫名其妙了。巴尔扎克有一部小说写有七十二岁的外公向十九岁的外甥女求婚的情节，编者为之作注释说《拿破仑法典》规定，外公可以向外甥女求婚和结婚。果真如此吗？我找来该法典一查，看到的却是禁止这种亲属关系的男女结婚的明文规定。说起来，这不过小事一桩，从无人过问，然而寻根问底的结果，是一句话就可讲清的简单文化是非就出现了。

文学作家、编辑如此犯低级错误，别的学科如何呢？回答是照样难以幸免。十年前，我应约写的《中国法律与中国文学》这本书的第一章，专门讨论了“法律”概念。它针对的是这样的事实：有几位法学家在自己的论文或专著中认为，“法律”二字用以指称作为社会行为规范的法律，是现代中国文人受到一个日本学者的介绍，将日文的“法律”引进中国后才有的事情，其

历史不超过一百年。我列举了大量实例，证明这种说法不能成立。可惜，在该书出版时，编者将原有的背景材料都删了，这就使本章的说明显得有点多余。如今旧话重提，我想强调的一点是：当今有不少法律人在解释“法律”概念的来源上，犯有抹杀两千多年的历史事实的小小错误。

再看一个古代的例子。洪迈在《容斋随笔》中说：打了胜仗，向朝廷所写的报功信，往往不封口，称之为“露布”。唐庄宗还是晋王之时，消灭了刘守光，命令书记官王缄起草露布，而王缄不知“露布”为何物，就自作主张，把战报写在一幅长布上，再派人把长布拉着，这引起众人讥笑。

中国文化人都不免在文化上犯常识性错误，那么外国文化人如何呢？我以为彼此无差别。在一本跨文化对话的杂志上，一位美国学者发表了一篇谈孔子的文章，其中有道是：孔子生活在一个没有法律秩序的时代。这是不值一驳的再简单不过的小错。这类是非也多得很。

不必再往下罗列诸如此类的事例，总之一句话：无数事实反复证明余秋雨的上述结论失之于不承认既有文化现象，属于他个人的主观臆断。

二　余秋雨的文化观存在不少简单是非

对外部学界的简单是非不曾留心，情有可原，不必苛求。然而，余秋雨对自己的低级错误依然视而不见，这就不应坐视不理了。且举四个小例子：

例一，余秋雨在谈到发现甲骨文的重要意义时，对北大学子讲了这样一段话：

> 19世纪末，在中华文明快要灭亡的时候，突然出现了一个信号：1899年的秋天，在北京有一个人，他发现了甲骨文。这次发现，重新唤起了中国人关于自己民族的文化记忆。（余秋雨《与北大学生谈中国文化》）

在结束这样的“第一课”之时，他又一次强调了自己的基本看法：

……那堆甲骨，就证明这个民族、这种文化，还没有灭亡。（余秋雨《与北大学生谈中国文化》）

如此这般，一个违反常识的错误赫然呈现在大家眼前。试问：即使到今天我们依然不知晓甲骨文这码事，那么是否就意味着中华文化早就灭亡了一百多年呢？甲骨文就是甲骨文，无论它对证实传说中的商代历史起到了怎样的重要作用，也不管由它引发了多少相关学问，它都丝毫证明不了中国文化是否灭亡的问题。

例二，余秋雨《历史的暗角》一文，就其内容而言，是一篇“小人论”，以其针砭有力而广受称赞。若挑小毛病，下面一段话就不能不指出来：

有没有法律管小人？很难。小人基本上不犯法。（余秋雨《山居笔记》）

笔者不以为然。理由很简单：此说全然抹杀了两千多年的大量事实。《易经》指出：“小人把小善看成没有益处的事而不去做，把小恶看成无伤大体的事而不改正，所以恶习积累得无法掩盖，罪过发展到不可挽救。”（郭彧译注《周易》）《大学》的第四章，也明确指出：“小人平日就做不善的事，没有什么坏事不做的；看到君子之后，才躲躲闪闪的样子，遮掩所做的坏事，并且张扬他所做的善事。”（傅佩荣译解《大学中庸》）所谓“罪过”、“坏事”，指的就是违法、犯罪的行为。《孟子·离娄》说得更简明扼要：“君子犯义，小人犯刑”。可见，余秋雨的“小人基本上不犯法”之说不能成立。

例三，余秋雨发议论、下结论，不乏前后矛盾的情形。说起来，这不过是逻辑上的简单是非，也被他一再忽视。突出事例，当推他对于“记忆”问题的截然不同的两种态度。针对一位剧作家关于名剧的记忆有误的情况，他作了如下一大段意在为剧作家辩解的话：

由此想对记忆问题多说几句。把记忆当做学问，这在古代，是文化传播事业落后的一个标志，而在现代，则是记忆性文化族群对创造性文化群族的一种强加。这个问题的严重后果，现在连中小学教师都已警觉起来，正在尽力扭转，可惜我们不少文化人还在本末倒置。其实，即便是记忆性的文化族群，他们真正能记住的文史细

节究竟能有多少呢？我本人也算是一个曾在文史中沉潜多年的人，据我的经验，即便平时认为最熟悉的材料，一到笔下也会发现夹杂着不少记忆上的差错，还得从工具书上逐字校核，因此，说是记忆，其实与直接记忆的关系也不大，只是记得翻哪部工具书罢了。（余秋雨《霜冷长河》）

这段话，强调的是每一个人的记忆都不免有失真失误之处，故不能仰仗记忆来做学问。笔者在学界混了几十年，对这段话是深深认同的。不料十年后，余秋雨完全忘记了自己讲过的话，竟然凭“记忆”来给北京大学的同学们讲《中国文化史》，并且定下一个意在“突破”同类课程的中心目标：“只探讨一个现代人应该对漫长的中国文化史保持多少记忆”。在其全部讲课过程中，又反反复复运用“记忆”的关键词来组织和推进文化史的进程，如“把神话作为记忆的起点”、“在人们的记忆中，比较清晰的可能只有被看做是中国文化核心的儒家”、“选择老子作为第一对象”进行“单个人的记忆”、“中国人如果失去了对老子的记忆，将是一个可怕的世界级笑话”、“我们的记忆要穿过千年迷雾”去“寻找真实的孔子”、“在民族记忆上”应“淡化”法家、“三国两晋南北朝时期值得记忆的亮点很多”、“多记一个人的名字（指颜真卿）”、“辛亥革命后，中国文化有哪些事，值得我们记忆”等。这样一来，“记忆”的上述失真失误的缺陷全部消失了，它天马行空，自由驰骋，终于做出了一门学问。仅看这一切，自然也令人神往。问题在于，当我们把余秋雨十年前后的“记忆”论对照起来看，就不知听信哪一种说法才好。换言之，余秋雨自相矛盾到了势不两立的地步。自然，这还是小事一桩。

例四，余秋雨讲过这样一句话：“已经取得名誉的人，一般被叫做名人。”（余秋雨《霜冷长河》）这里有是非吗？有，而且又是再简单不过的是非。原来，余秋雨把名誉与荣誉这两个概念弄混淆了。所谓名誉，指的是舆论对人的评价，无论你是工、农、兵、学、商，人人都会自然而然地得到一定的名誉；荣誉则不然，它永远只属于极少数人。例如劳动模范、先进工作者、功勋运动员、桂冠诗人等，才是令人仰慕的荣誉。由此可知，名人只能是享有荣誉的人，而根本不是什么“已经取得名誉的人”。在这里，余秋雨因言语不慎又出了小毛病。

三　问题的症结——差之毫厘，失之千里

仅仅停留和纠缠在上述大量简单事实上面，毕竟过于琐屑，至此，有必要从学术研究的基本追求上看一看问题的症结之所在。

严肃、认真地做任何学问，唯一准则就是追求、揭示真理。学者在起步之时，就应注意分辨是非，使自己立于不败之地。若第一步有错，就很难达到真理的彼岸。对此，古人早就明示说：差之毫厘，失之千里。因此无视上述种种简单的学术是非，势必不同程度地削弱学术成果的真理性，甚至弄得毫无真理性可言。恩格斯早在一百多年前就不满于人文社会科学的研究状况，认为学者们的成果因缺乏真理性而显得很糟糕。我以为，究其原因，就有着文化人不善于发现与摆脱那些简单是非这一起码的原因。

拿上述“记忆”问题来说，表面上看，属于余秋雨十年前后的有关言论的自相矛盾，是一种简单逻辑错误，而实质问题却是以主观“记忆”能否讲出中国文化的客观历史的大事情。若着眼于此，余秋雨所讲一年多的中国文化史，到底在多大的程度上合乎几千年的文化自身发展史的实际，就有待商榷了，这绝不是用简单的逻辑错误所能说明的小是非，而是值得研究的大疑问。

以质疑、探讨的学术心态，回味上述无数小是非，无不可从中窥见与之密切联系的大过错、大谬误，或者说里面潜藏着大学问、大道理，千万不可小瞧，而应以小见大，见微知著。唯其这样慎之又慎，才可避免学术谬误的出现和流传。

以写别字而言，在现代文化人手里是不允许的过错，而在古人那里，却美其名为“假借”。古人太会“假借”了，弄得注释古代典籍的学者不得不时常提醒读者，这里是某字假借某字，那里又是什么假借什么。若中小学生提

前学到了相关知识，并为自己写别字同语文老师讲道理，恐怕麻烦就大了。我甚至为今人百般迁就、谅解古人却严厉批评中小学生而深感不公平。

以文盲误解许多他们头脑中根本不存在的那些概念而言，这里存在的语言问题、词汇问题、受众文化心理问题等，都可想而知，并有着进一步探究的余地。以“法律”二字的来历而言，由日本输入的说法，潜藏的是颠倒本末、割断中国文化历史等大病症。须知，早在《庄子·徐无鬼》中，就有“法律之士”的提法，同今天学界的“法律人”词义完全相同。无视这两千多年的历史事实，颠倒了“法律”跟其他数以千计的汉字由中国输入日本而成为至今仍在使用的“常用汉字”的本末关系，便是“日本学者输入”说的实质差错之所在。这样联系地看问题，小是非就不可小瞧了。

以把“私法”改为“司法”的一字之差而言，涉及的是怎样进入文学的法理世界的全局问题。所谓私法，指的是民法、商法。与之相对的公法，指的是宪法、刑法。《花粉商盛衰记》描述的是法国19世纪的商法在实施中产生的耐人寻味的社会现象。一个靠经营花粉发家致富的商人，在竞争激烈的商海遭到冲击而破产，于是依商法规定申请破产，以得到法律保护。当法律机器运转一过，原有的债主们的资金被合法赖掉，无债一身轻的破产者经过不长的蛰伏期，终于破茧而出，又成了雄居花粉业的富商。傅先生从这里看出了商法中的奥秘，故在译序中有上述提示。很显然，将“私法”改为“司法”，就一举堵塞了进入这有趣的法理世界的门径。记得当年看到这“司法”二字时，我在书中习惯性地用红笔打了一个大问号加一个感叹号。

自然，我们应着重谈一谈余秋雨本人的小过失背后牵扯的大差错。且说他用“记忆”讲述的中国文化史，其中值得讨论的问题不在少数。总的说来，以老师个人主观的好恶事先设计的“记忆”大纲，来引发他自己的所有文化“记忆”，再加上学生们按老师预告而临时强记的文化碎片的介入，形成对话式的一课又一课内容，实在是以主观感悟淹没了文化史的客观进程和规律。

我手头有两部可供参照、对比、思考的文化史著作。一部是社会科学文献出版社出版的《中国史话》丛书，多达200种，划分为物质文明、物化历史、学术思想、文学艺术、社会风俗、近代精神文化、近代社区文化等系列。

另一部是冯天瑜等编著的《中华文化史》，共80余万字，兼具知识性与理论性，视野同样广阔。把二者与余秋雨的文化史作一番比较，主观的文化史与客观的文化史的分野，如同不可交叉的平行线。我以为，与其说余秋雨的这部书是文化史，不如说是借用文化史之名的系列文化散文集。抒情、感悟有余，思考、论证不足，缺乏令人信服的理性追问思路和结论，是这部文化史给我的总体感觉。

一旦进入该书的字里行间，作一些文化细节的考察，我们上面讲过的那些小过失，便升格为致命性的大误差了。在讲老子和庄子时，余秋雨先后两次把原文中的论据作论点加以评论。关于老子，他说："下面这句话，很多法律家可能会不高兴了。老子认为，法令越是彰明，盗贼反而越多。"（余秋雨《与北大学生谈中国文化》）查《道德经》第五十七章可知，老子论证的基本观点是："以正治国，以奇用兵，以无事取天下。"为什么如此看问题呢？老子在这样设问之后，列举了一系列事实作为论据，其中就有余秋雨所评论的这句话。完整赏析此章原文，就不至于把老子所注视的事实论据拿来当做他的观点说三道四了。

同样断章取义的，还有对庄子的评论。《庄子·胠箧》用设问的形式，提出了一个观点："世俗之所谓至知者，有不为大盗积者乎？所谓至圣者，有不为大盗守者乎？何以知其然邪？"紧接着，文章列举了大量事实论据。其中，跖与其徒对话的事实，被余秋雨割裂开来，认为是庄子的思想，加以评论说：

> 庄子所说的"盗亦有道"，与我们后来用这个成语的意思很不相同。他幽默地完成了对儒家道德体系的"解构"；道德家们最喜欢用的那些命题，用在负面人物身上也完全合适。你看，对盗也可以蒙上五德的光环——圣、勇、义、智、仁，但它整个系统的根基是盗。这种解构方式不是否定社会上的基本是非界线，只是嘲讽了那些过度强加给社会的种种企图。一切违反自然的行为和口号，立即可以走向它们自身的反面。（余秋雨《与北大学生谈中国文化》）

这些看似妙不可言的话语，与庄子的本末思想没有太大的关系，纯属论者错把论据当论点而产生的误读和"强加"。

余秋雨在他的文化史中常常讲到历代文学作品，如唐代的诗、明清小说。依照笔者的理解，从文化角度讲文学，应当阐述文学独有的文化内涵，以别于文学史家的论述。然而，我们看到的是什么呢？除了给唐代诗人排了一个十人的座次表、明清小说的六大座次表之外，剩下的全是一些文学行话，什么豪情、现代派、人性美、最佳作品、寓言象征、情节核心、艺术局限、审美水平突破、独领风骚……老实说，这样讲文学不要说不像文化史，就连一般文学史都不沾边。

错，错，错，都是“记忆”不准惹的祸。我们从余秋雨十年前后两种“记忆”观自相矛盾的逻辑小错铸成的文化史的大错可以知道，许多看似无关紧要的简单是非背后，都可能隐藏着学术隐患。“差之毫厘，失之千里”的古训，当是文化人做学问的共同座右铭，切不可淡忘。

文化有没有国际标准

文化的创造、传播、发展，绝不可能是人类随心所欲、杂乱无章的事情。既然如此，这一切就有着客观的衡量标准。在这个问题上，余秋雨在多数情况下分明表述并运用了国际标准，而在两年多以前所作的一次演讲中却断然否定了国际标准的存在，这给读者又造成抉择的困惑。此外，余秋雨的不少文化议论中一再吐露出文化的国际标准的客观存在，而他却不曾从中整合、梳理出相应的理论见解，叫人觉得可惜之至。本文认为在这里有很多讨论的空间。

一 从余秋雨的又一自相矛盾处谈起

我从余秋雨的文章中发现他前后自相矛盾的地方不在少数。例如他关于“记忆”问题的看法，关于文化人个人的人格的重要性问题的看法，都有前后言论相抵牾的现象存在。在文化的国际标准的问题上，同样也有这一现象存在。为讨论的有效进行，不能不在正视基本事实上再费一点工夫。

1999 年 10 月，余秋雨到希腊作文化考察，会见了雅典人文学院的比较哲学博士贝尼特女士，这位学者在谈话中明确提出了哲学上的国际标准。她说：

> 等时间长了，慢慢发现，先秦智者中，最符合国际哲学标准的是老子，他有本体论的内核，而其他则比较具体和狭窄。（余秋雨

《千年一叹》）

余秋雨欣然记录了这一谈话，显然表现了他对哲学上的国际标准——本体论的认同。

在 2008 年出版的《寻觅中华》一书中，余秋雨写下了下面一段话：

从现代世界判断文化程度的一些基本标准，例如是否拥有文字、城市、青铜器、祭祀来看，华夏文明由此（指夏朝——引者）迈进了一个极重要的门槛。

到 2010 年 3 月在海外作学术演讲的时候，余秋雨如同完全忘记了自己讲过的这些话，断然指出：

科学有国际标准，文化没有。（余秋雨《何谓文化》）

这话一出，就推翻了前面所肯定的哲学与文化上客观存在的国际标准。

还没等我们从这自相矛盾的两种意见作出选择，作一番思考，余秋雨竟又推翻了“没有”之说，提出并运用了国际标准！请看他回忆戏剧家黄佐临的文章《让他们骂去》。该文回忆说：1962 年 4 月 25 日，《人民日报》发表了黄佐临的《漫谈戏剧观》一文。紧接着，余秋雨对此文赞叹有加，于是忍不住“以国际学术标准来审视他当时的理论成就。”那五点“成就”无一不是操持着“国际标准”，为节省篇幅，恕不原文抄录。最后，这“国际标准”的国际性，被作了如下的强化：

鸟瞰世界，概括世界，又被世界接受，这样的理论成果，历来罕见。（余秋雨《何谓文化》）

至此，我们被余秋雨的“有－有－没有－有”这种一波四折、不变中有变的文化国际标准论已经弄得分不清东西南北了。

在有关的专门阅读、思考中我发现余秋雨的许多感悟与议论虽没有直接运用“国际标准”的概念，但事实上他意识了这一“国际标准”存在于大量文化现象之中，这对我们研究文化的国际标准问题提供了开阔的思路。以下，笔者不揣浅陋，作一梳理工作；续貂之丑，望斧正。

二　国际标准在文化人的自我学术修养之中

自古以来，中外驰名的文化人成功的秘诀之一，就是博学多能，不在狭小的“专业”牢笼中蛰伏不动，死守几十年不挪窝。庄子的迷人风采，就是这样闪现出来的。司马迁说庄子“学无所主”，“无所不窥”，实在准确之至，否则，《庄子》三十几篇文章的丰富、深邃思想和流光溢彩的艺术特质就无从解释了。古希腊的亚里士多德、柏拉图们，无不是精神人文、社会科学的多面手。古今中外文化人的这种自我修养的开放式吸收是不约而同的，已昭示了文化的国际标准的存在的某种部位。

文化学研究是浩大的学术工程，唯有向世界范围内的学术宝库极广泛地吸收营养，才有理智的穿透力和整合力。这种自我修养的方式和途径，就启示着文化的国际标准的客观存在。余秋雨的有关自述，让我们看到了更加具体的国际标准论启示。他说：

> 不错，我是中华文化的忠实阐释者，但是，我完成这些思考的基础逻辑，是欧几里得几何学给予我的；我的文化思维的美学基础，是黑格尔、康德给予我的；我的现代意识，是荣格、爱因斯坦、萨特给予我的。我从来没有觉得，这些来自欧洲的精神资源，曾与我心中的老子、孔子、屈原、司马迁产生过剧烈冲突。
>
> 既然一个小小的心灵都能融汇那么多不同的文明成果而毫无怨隙，那么，大大的世界又会如何呢？（余秋雨《何谓文化》）

余秋雨的内在学术修炼经验表明，他吸取的近现代欧洲数学、美学、哲学、心理学等学科知识与理论营养，拓展了他的视野与思路，使他在探究古代文化大家的文化创造成果上心明眼亮，所见良多。这就告诉我们，人类文化成果不管以什么学科名称出现，它们在开发后代学人的智力上有着不分国界、跨越时间的强大功能。这种功能，应是文化上的国际标准客观存在的一

种生动证明。

国际社会近、现代有不少所谓“中国通”。这样的学者各有他们本土文化的根基，为什么会对古老的中国文化传统“通”得那么厉害？我以为，通就通在中国文化与他们各自不同的本土文化根基产生了交汇、互补、互证的神奇作用。这反映在他们内心的学术修炼上，应当跟余秋雨表述的心理经验也是相“通”的。

不妨从国际学界对于汉字的文化解读的小视孔，来看一下这里的有趣故事。英国传教士、作家麦嘉湖对中国的方块汉字的感悟，远比我们本土所有识字之人要高明、细致得多。他的一段话真叫我拍案叫绝：

> 想象一下五六千个这样的方块字，个个都是一副古色古香的样子，仿佛出自诺亚方舟。它们像数字一样干巴巴的，一样严肃庄重，然而，每个字都有各自的故事，隐藏在它复杂的点横撇捺的背后。学生必须深入了解这些故事，记住其背后稍纵即逝的形态，拼凑出这些神秘符号的褶皱中所隐藏的爱与恨、激情与杀戮、人性弱点和高尚意图的故事。这本身就是一项艰巨的任务，只有巨人才能执行。（麦嘉湖《中国人的生活方式》）

中国的物质文化和精神文化，在学林中都是用汉字来记录和表述的。外国学者中的上述中国通，首先都得毫无例外地要认识五六千个常用汉字。在这起步的地方，麦嘉湖作为在中国生活了五十多年的文化人中的中国通，就已表现出了不凡的洞察力。这证明，世上独有的汉字与拼音文字在外形上没有丝毫共同之处，而在背后的学理智慧却有着鬼使神差般的隐秘联系，其基本表现仍然是文化人内在的学术修炼经验。

我以为，从国内外学者的内在学术修炼经验中去提取文化的国际标准，是一条必由之路。那提取物，就是异质文化之间通用的价值判断尺度。它产生于文化作品的传播过程，同时又作用于文化作品的传播过程。文化人内在的学术修炼经验综合了这两个过程，因而只有将所得运用于学术研究，才能体现异域异质文化之间普适的国际标准。

三 国际标准存在于异质文化不约而同的创造规律和成果之中

文化，首先指的是文化的创造。由此切入，文化的国际标准，将是处在不同时代、不同国度、不同风俗习惯的人们在文化创造活动中不约而同遵循的规律。

余秋雨专门讲到的希腊雅典学院和齐国的稷下学宫这两个学术机构的多方面相似之处，实质上已表现出文化创造者在彼此都不知对方存在的条件之下，各自行动而殊途同归的那种规律性。二者的相似之处是：两个学术机构都以地名命名，都有“学”的显著特色，创办时间接近，运行方式相差无几，涌现出来的学人都有很高的知名度。余秋雨特地要北大同学们讨论这种“东西方文化思想史上的巧合”。我以为，这种巧合所显示的意义除了师生讨论中形成的共识之外，还有一点，就是它表明了存在文化上的国际标准，即异质文化创造活动有着共同的规律之一：学术文化的创新，杰出学者的培养造就，必须有良好的学术机构、文化环境作保障。社会动荡不安，或任凭学者个人自生自灭，都谈不上文化创造，更不要指望有高层次的文化思考者的脱颖而出了。

这条规律如果只是文化创造的外部规律，即要求有相适应的学术机构与文化环境，那么从文化创造的内在规律来看，则有多种表现。上述麦嘉湖，谈到了英国与中国所分别创造的木偶剧演出方式，有许多惊人的相似之处，并表示无法回答这里提出的疑问的困惑。在我看来，以国际标准存在于文化创造活动的内在规律之中的观点视之论之，大致不错。请看麦嘉湖的叙说：

> 面前的木偶剧似乎就是英国木偶剧的翻版。在我们小的时候，它曾经让我们如此痴迷，让我们开怀大笑。唯一不同的是，剧中人物是中国人，语言是这个国家那种刺耳而呆板的声音，而且剧中没有狗。表演的方式大抵是一样的。幕后的人以同样完美的技巧，控制着各样的木偶人，把他们举到观众面前，人们参与口舌之争时所

使用的尖利假声，以及平常谈话的声音，都是现实生活的翻版。

在说明二者的许多惊人相似处之后，麦嘉湖进入了文化的冷静思考，提出了一个百思不得其解的问题："像南北两极一样相去甚远的两种不同的文明，如何能够分别设计出木偶戏这样一种荒诞而滑稽的娱乐形式。对这个问题我们绝对无法回答。"（麦嘉湖《中国人的生活方式》）笔者斗胆认为，这不约而同的惊人相似之处证明艺术文化跟其他文化一样，有它的内在创造规律。只要遵循这规律，那文化成果一旦问世，异质文化彼此就有了相似、一致的文化品格。用文艺创造心理学的眼光看，这一种内在规律取决于创造主体的心理结构、智商以及全部心理机制运行程序的共同性和一致性。可见，文化的国际标准之一，可从文化创造的普适心理规律的线路上去寻求。

从文化作品的流传方面考虑，具有永久生命力的文化作品，无不具有真、善、美的精神品格。不管理论家怎么解释，这种现象都是客观存在的。余秋雨在《中国文脉》一文中所说的"文脉"，即"中国文学几千年发展中最高等级的生命潜流和审美潜流"，实际上就是真、善、美的"潜流"。我以为，科学的文脉论，应是中国文学创造的历代作品在创造中追求真、善、美因而得以承传几千年的规律论。国际标准，理所当然应由这里去寻找答案之一。为什么呢？中国有如此"文脉"，世界各国不朽的文学名著、佳作无不有同样的"文脉"，只不过有待于加以梳理和阐释罢了。在这里可径直得出一个结论：文化的国际标准之一，就是真、善、美三种精神品格。三者既是文化创造者的追求，也是文化受众的期待和需要。

上述老子哲学的本体论为什么符合哲学上的国际标准？黄佐临的戏剧观为什么符合艺术上的国际标准，就是因为它们具有经久不衰的真、善、美品格。让我们非常感动的是德国人当今对老子的喜爱程度已超过了中国，几乎每个德国家庭都有《老子》一书。这正是老子哲理的真、善、美以其超越时空的强大生命力征服酷爱哲学的德国民族的动人情景。

四　国际标准存在于人们对异质文化特征的认同之中

文化差异是一种广泛、复杂、难以描述和概括的现象。它的突出表现，是异质文化各有其若干特征。对此，余秋雨时常发表感悟与议论。我们感到不足的，是他还没有来得及从他意识到的现象中结晶出对文化的国际标准应有的理性认识。

例如，余秋雨多次谈到的中国文化固守本土，不爱远征，对外没有领土诉求的特征，以及被不同时代、不同国籍的西方文化人认同的事实，就体现了文化评论上的国际标准。17 世纪的意大利传教士利玛窦、20 世纪的美国学者爱德华和菲利普，在各自的著作中，用不同的表述方式，表示了对中国文化的这一古老特征的深入研究后的认同、欣赏态度。对于有远征习惯和拥有殖民地的文化来讲，中国文化的这一特征完全处在与之相反的另一个极端。正因如此，西方学者认同中国的这个古老特征，有着天然的困难，显得格外可贵。于是，作为文化上的国际标准之一，就在这一切可贵的努力之中和最后的结论之中。

尤其值得一提的是余秋雨的《世界报告》一文，它可以被认为是一篇关于文化的国际标准的专题说明文，只是没有用专门概念加以理性论证罢了。此文涉及的文化背景、取得的认识成果，可归结为三个方面：一是联合国教科文组织总干事博科娃到中国来发布关于文化的世界报告，重申世界文化的多样性；二是“文化的多样性”表明存在一种存异求同的国际文化标准，并且这一标准针对着美国学者亨廷顿的“文明冲突论”的要害——在承认文化多元的前提下，推导出 21 世纪最重要的“冲突”将发生在三大文明（西方文明、伊斯兰文明、中华文明）之间的结论，此论的要害在于容易为世界动乱寻求文化借口，故令有良知的国际文化界为之忧虑；三是在余秋雨参与的国际性对话、讨论活动中，大家一致认为：

“文明冲突论”的错误，在于把正常的文明差异，当作了世界冲突之源。因此，我们必须反过来，肯定差异，保护差异，欣赏差异，让差异成为世界美好之源。（余秋雨《何谓文化》）

于是，2004年联合国发布了《人类发展报告》出现了果断的结论：“本报告否定文化差异必然导致文明冲突的理论。”在此之前，联合国已于2001年通过了一个《世界文化多样性宣言》。在此之后，联合国在“世界文明大会上”又通过了《保护和促进文化表现形式多样性公约》。所有这一切，都用事实反复证明了“求同存异”是文化上国际标准的又一重要方面。余秋雨下面一段话，可以认为是对这一国际标准的最好阐释：

“文明”之所以称为“文明”，互相之间一定有共同的前提、共同的默契、共同的底线、共同的防范、共同的灾难、共同的敌人。这么多“共同”，是人类存活至今的基本保证。如果有谁热衷于文明族群之间的挑唆，那就势必会淡化乃至放弃这么多“共同”，最后只能导致全人类的生存危机。（余秋雨《何谓文化》）

我注意到，余秋雨发表这一认同“求同存异”的文化上的国际标准的意见的时间，是2010年5月21日，而作上述演讲，否认文化上有国际标准的时间是2010年3月27日。这就是说，在这为时两个月里，他先说文化上没有国际标准，然后又极力强调有一条“求同存异”的标准，这岂不是再一次自相矛盾吗？在上述“一波四折”的自相矛盾公式中，再加这一折，就成了一波五折了！

五种彼此“冲突”的“有”、“无”及其时序如下：

1999年10月认为“有”

2008年认为“有”

2010年3月认为“无”

2010年4月认为“有”

2010年5月认为“有”

这个时间表可以证明，余秋雨当年演讲认为文化上没有国际标准，属于一时间的急不择言，造成偶然一次失误。而从他的一贯思想而论，他不仅认为有国际标准，并做了一系列相应的阐释工作。

这里可以举一个日本对中国文化认同的鲜为人道的例子。学界谈论较多的是中国汉字对日本语言的影响，中国棋艺在日本的广泛传播，中国法律对日本法制的规范作用。我这里要谈的是中国文化人朱舜水。他被梁启超尊奉为“大师”，却鲜为中国人所知晓。明朝灭亡时，他已四十五岁，因抵抗清代的剃发蓄辫之风而流亡日本，直到八十三岁在日本逝世。他在日本没有开门讲学，也没有著书，只因一本文集的传播，而成为日本德川朝著名的明治维新运动旗帜人物。梁启超指出：

> 舜水以极光明俊伟的人格、极平实渊贯的学问，极诚挚和蔼的感情，给日本全国人以莫大的感化……所以舜水不特是德川朝的恩人，也是日本维新致强最有力的导师。（梁启超《中国近三百年学术史》）

这个鲜为人知的例子，再一次证明，中国文化及其文化人格之所以能走出国门，被邻帮认同，并转化社会改革的巨大精神动力，进而转化为物质文明发展的实实在在的成果，是因为在文化上存在着跨国界、跨时间的国际标准。

当然，在充分论证文化的国际标准客观存在的前提下，必须看到这种标准大大不同于科学技术标准的地方。这就是，国际科技标准讲究精确度，限定最大误差的区域，没有任何含糊的细节。以航天器升空飞行为例，涉及的科技部门有天文、地理、物理、化学、数学、医学、生理学等科学部门，每一门类的技术运作都得达到国际标准，否则，就上不了天，回不了地，甚至出现机毁人亡的惨剧。但是，文化标准却没有什么精确度可言，即使闹出天大的笑话也死不了人。余秋雨一时间偶然否认文化的国际标准，是不是因为只看到文化的国际标准的这一弱点或特点呢？

怎样对待文化细节

余秋雨的文化议论，明显地失之于空洞无物，究其原因，在于他对解读文化作品的内涵不感兴趣，尤其是至关重要的文化细节，更不在他眼里。倘有人对此提出非议，余秋雨会用他振振有词的一套说法来加以回击。他在回答学生的有关提问时说：

> 你的问题让我产生一种担忧。这些年来，文化界有些人似乎越来越热衷于一些技术性的文化细节，而完全不在乎大道、文脉、诗魂、意境、心灵、感觉和体验了，这真是文化的一种可怕堕落。记住，文化之神大于文化之形，文化之道永远大于文化之术。对此，万万不可颠倒。（余秋雨《问学余秋雨》）

我由衷认同这种不被学界重视的独到见解。我所不满的只在于论者过于偏爱、偏信自己，以至于放弃了对所有文化作品的内涵的解读，尤其是对能够赖以立论的关键性文化细节也一概摒弃，结果造成了他的文化观失之于凭空蹈虚，云天雾地，不得要领。余秋雨本人看重的《中国文脉》一文，便是集中体现这种缺失的典型代表作品。

在这篇文章中，一如论者所主张的那样，说来说去除了他所津津乐道的一套大道、文脉、诗魂、意境、心灵、感觉、生命潜流、审美潜流、等级、品位、筋、神、脉、意指、意味等抽象概念的颠三倒四地罗列、铺陈之外，实在没有什么实质性的文化理性认识可言。换一句话说，他的“文脉”论观点虽然正确，但缺乏有力的论证。

余秋雨沾沾自喜，并能吸引青年读者的特技，在于他的语言魅力。他的语言，兼具记叙、抒情、议论功能，又善于采用多种修辞手段，例如排比、反复、对偶之类，都用得炉火纯青，再加上瞬间转换话题，在跳跃中推进思路，于是空话连篇也有看头，读者仿佛被引进了一个个智慧的景点，一处处高妙的情理宫殿。待你合上书本，脱离余秋雨的语言风景区，再回味一下，往往有从幻境中跌落到尘世地面的感觉，要说有什么收获，只不过有一种泡过文化温泉归来之后的身心放松，此外便一无所得。

如果作一番反思，有意进一步研究，余秋雨的文化观的漏洞会越牵扯越多。要问为什么？回答是他完全抛弃了足以立论、赖以服人的文化细节。拿《中国文脉》关于庄子的评论来讲，文化细节的全然失落，导致了庄子论的彻底失败。本来，该文把庄子视作先秦诸子中的文学冠军，对此笔者毫无疑义。然而，在具体评价庄子时，论者却这样贬低这位文学冠军：

> 他的人生调子，远远低于孟子，甚至低于孔子、墨子、荀子或其他别的“子”。但是这种低，使他有了孩子般的目光，从世界和人生底部窥探，问出一串串最重要的“傻”问题。（余秋雨《中国文脉》）

请问：这里到底用了何种衡量标准，才让论者看到了庄子的“人生调子”比谁都“低”呢？这是疑问之一。疑问之二，既然庄子的人生调子低，具有别人所不具备的“孩子般的目光”这样的特质，那么庄子与别的“子”之间就没有可比性，这就使论者的高低之分、冠军的评比失去了依据，成了无可比较却硬要作比较的游戏。

就这样，余秋雨只是认定了庄子是先秦诸子中的文学冠军，却不能用某种文学（文化）的细节来证明自己的结论。余秋雨一贯看重中国文化的集体人格，每每推崇文化大师们的人格理想。我以为，紧紧抓住文化的集体人格、人格理想这一文化细节，庄子的文学冠军就有了不容置疑的实质内涵。

余秋雨认为，儒家的人格理想是君子之道。我们看到，除了《论语》有一系列区分君子与小人的言论之外，《中庸》一文是对君子之道全面、完整的理论阐释。

墨子虽主张“兼爱”、“非攻”，但在人格理想上并无创见，对儒家的“君子之道”表示了真诚的认同。《修身》篇就是有力证据。文中明确指出：“君

子之道也：贫则见廉，反之身者也。”更有意思的是，在《尚贤》、《兼爱》等文中，墨子表现出用“尚贤”、“兼爱”的学说来改造儒家君子之道的人格理想的不懈努力，从而使儒墨两家在人格理想上产生了合流的趋势。这就使儒家的君子之道趋于完善。

庄子的人格理想，我们在《什么是人格理想》一文中已作过初步的说明，认为他提出的“至人”、“神人”、“圣人”、“天人”、“真人”五种“人”是先秦时代最崇高的人格理想，其文化内涵比儒家的“君子之道”更为丰富。这里，还可作几点文化细节上的补充说明。为了整合五种“人”的人格理想，庄子还提出了“大人”和“全人”这两个综合性的人格概念。《庄子·庚桑楚》云：

夫工乎天而俍乎人者，唯全人能之。

这句话的意思是说，唯有既合乎天地，又合乎人类的人，才可称之为“全人”。

《庄子·徐无鬼》云：“是故生无爵，死无谥，实不聚，名不立，此之谓大人。”生前没有爵位，死后没谥号，一生没有实利的追求，也没有名声的传扬，这种人就是“大人”。

显然，“全人”、“大人”概括了庄子心目中的五种高尚人格，是综合性的人格概念，与“圣人”、“神人”、“至人”、“天人”、“真人”这五种人一起构成了庄子的全部人格理想的概念系统。依《庄子》全书所有围绕这些概念展开的全部论述，不难写出《庄子的人格理想》这样的专题文化论文。梳理所有这些文化细节的工作，将反复证明余秋雨所谓庄子的“人生调子”比先秦任何一家“子”都“低”的说法，完全是对庄子的误读，从而使论者的“庄子是先秦的文学冠军”的美誉完全流于空话一句。这是该问题应谈的文化细节之一。

《庄子·德充符》讲了一个残疾人的故事，用以阐明连孔子这样的大思想家、大教育家都不符合“至人”理想的标准，实在耐人寻味。故事说，鲁国有个受过刖刑的人，名叫叔山无趾，用脚跟走路，去见孔子。孔子说：“你做人不谨慎，犯了法而受刑到今天这个地步。如今到我这里，一切都来不及了！”叔山无趾说：“我只因为不识时务而自讨苦吃，因而成了无脚之人。现在我来了，认为还有比脚更尊贵的东西，我是为道德的完善呀。天没有什么不能覆盖的，地没有什么不能装载的，我把先生当做天地，哪知道先生竟这样小气呢！”孔子听了这话立即检讨说：“我太孤陋寡闻了！你为什么不进来，请允许我讲自己的见闻！”叔山无趾告别孔子后，孔子对学生们说：“无趾这个人，受过刖刑，还努力学习以弥补从前的过失，何况身心健康的人呢！”后来，叔山无趾对老子说：“孔丘对于至人而言，是不是不够格呢？他为什么还装模作样地为人师表？他是用诡诈的手段博取好名声，根本不懂至人是用正道来约束自己的道理吧？”老子说：“你为什么不教导他死生是等同的，可为可不为是没有区别的呢？若消解了他的局限性，是否合乎至人的标准？”叔山无趾说：“他受到了天罚，哪里有解救的希望！”

就这样，一则小小的故事，指明了孔子同庄子的“至人”人格理想之间不可逾越的巨大差距，立刻显示出“至人”的高大形象及丰富内涵。这是该问题涉及的第二个文化细节。

第三个文化细节是，为了彰显庄子人格理想的质的规定性，《庄子》提供了两类人物作参照系。

《刻意》篇一开头，就列举了各有所长的山谷之士、朝廷之士、举世之士、江湖之士、道引之士，指出他们各自拥有一批认同群体，然后再讲庄子所倾心的人格“真人”与“圣人”如何如何。有了这一参照系，“真人”和“圣人”的高超之处就格外醒目了。

另一参照系人物为《徐无鬼》篇所提供。本篇又一次讲到了“真人”、“圣人”以及综合性的“大人”的品质，它所开列的参照系人物名单更为详尽，几乎囊括了人世间的社会各行各业，既有知士、辩士、察士、招世之士、中民之士、筋力之士、勇敢之士、兵革之士、枯槁之士、法律之士、礼教之士、仁义之士，还有农夫、商贾、庶人、百工，真是应有尽有。有两个参照系人物的比照，庄子所推崇的人格理想就切实起来，同时也飘逸起来。较之儒家的君子之道老是纠缠于“小人”不放，显得思维开阔、大度，有鼓舞人奋起直追的目标高悬于前方。

第四个文化细节，是庄子让自己的论敌——儒家代表人物孔子一再出场表态，对庄子心目中的圣人、至人、真人发表认同性的意见，其中寓意，无非是暗示儒家人格理想在智斗的竞技中每每败下阵来。《人间世》篇中，孔子说："古之至人，先存诸己而后存诸人。所存于己者未定，何暇至于暴人之行!"《德充符》篇中，孔子把残疾人王骀称之为"圣人"，表示自己愿拜他为师，并希望天下人能听从这位活圣人的教诲。孔子在《天道》篇中表态说"仁义，真人之性"后，又在《田子方》篇中高度赞扬"真人"，说"古之真人，知者不得说，美人不得滥，盗人不得劫，伏戏，黄帝不得友。"意思是说，真人不露相，外界任何人都难以动摇他的坚定信仰与追求。这样连续展现的系列文化细节，简直把孔子本人提倡的"君子之道"人格理想淹没了，孔子仿佛成为庄子人格理想的代言人。

关于庄子人格理想的第五个文化细节，是一个统计数据。据笔者统计，《庄子》一书中，论及人格理想的篇目有《逍遥游》、《齐物论》、《养生》、《人间世》、《德充符》、《大宗师》、《天地》、《天道》、《刻意》、《达生》、《田子方》、《庚桑楚》、《徐无鬼》、《则阳》、《列御寇》、《天下》等十六篇，占了全书文章的半数，比例实在不小。

很清楚，要想谈清庄子的"人生调子"的实质与高低，至少要凭借上述五大文化细节作为立论的依据。余秋雨的庄子论，却反其道而行之，抛弃了所有基本文化细节，仅凭个人阅读诸子的审美感觉以及历代文化人高度赞扬庄子的文学成就的一类套话来建立评论话语，于是除了戴上"文学冠军"的大帽子之外，没有来自庄文实际的任何切实见解。

在如何对待文化细节的问题上，余秋雨所批评的大家偏好文化细节的技术性、枝节性卖弄的学术风气是存在的，对此作严厉抨击是应当的，遗憾的是论者走向了另一极端，即独自热衷于缺少文化的"细节"，要说别人玩"文化细节"是"可怕的堕落"，那么他本人玩一些无文化的"细节"岂不是更可怕吗?

余秋雨爱好的无文化细节的第一种，可称之为作家作品名次榜。《中国文脉》一文，评来比去，终于推出了先秦诸子名次榜，荣登榜首的是庄子，被誉为"先秦诸子的文学冠军"。评到屈原名下，庄子的名次下降了，因为大诗人屈原“是整个先秦时期的文学冠军”。此后从秦汉至魏晋，“中国文脉”出现了“三座高峰”，名次是“司马迁第一，陶渊明第二，曹操第三”，为担心曹操“可能气不过”，紧接着讲了这样排名的三大“理由”。到了唐代，以李白为“第一名”、孟浩然为“第十名”的十大诗人排行榜出炉了。紧随其后的宋代，先“把苏东坡首屈一指的地位安顿好之后，宋代文学的排序，第二名是辛弃疾，第三名是陆游，第四名是李清照。”论者以为明清两代作家除曹雪芹一枝独秀，别人不够格上榜，于是就把四大文学名著分出了名次：《红楼梦》跟曹氏大沾其光，不屑于登名次榜，故“第一名是《西游记》，第二名是《水浒传》，第三名是《三国演义》。”别的文章还在类似排名榜，不再列举了。

余秋雨热衷的第二种无文化技术性细节，可称之为中外文化人的年龄账。谁比谁大多少岁，谁比谁小多少岁，谁跟谁是同龄人，余秋雨心里都有一本账。尤其在纪念巴金百年诞辰的演讲中，出现了一张令人又敬佩、又吃惊的中外作家年龄账单，不可不抄录出来让大家长见识：

> 中国古代第一流文学家的年龄：
>
> 活到四十多岁的，有曹雪芹、柳宗元；
>
> 活到五十多岁的，有司马迁、韩愈；
>
> 活到六十多岁的，有屈原、陶渊明、李白、苏轼、辛弃疾；
>
> 活到七十多岁的，有蒲松龄、李清照；
>
> 活到八十多岁，现在想起来的，只有陆游。
>
> 扩大视野，世界上，活到五十多岁的第一流文学家，有但丁、巴尔扎克、莎士比亚、狄更斯；
>
> 活到六十多岁的，有薄伽丘、塞万提斯、左拉、海明威；
>
> 活到七十多岁的，有小仲马，马克·吐温、萨特、川端康成、罗曼·罗兰；
>
> 活到八十多岁的，有歌德、雨果、托尔斯泰、泰戈尔；
>
> 活到九十多岁的，有萧伯纳……（余秋雨《何谓文化》）

余秋雨热衷的无文化细节的第三种，可称之为文化人走出书斋云游天下的行程表。在余秋雨笔下，大多为用夹叙夹议方式写下的行程表，真正规范

的行程当推为司马迁特制的那一份。不妨也抄录如下：

从西安出发，经陕西丹凤，河南南阳，湖北江陵，到湖南长沙，再北行访屈原自沉的汨罗江。

然后，沿湘江南下，到湖南宁远访九嶷山。再经沅江，到长江向东，到江西九江，登庐山，再顺长江东行，到浙江绍兴，探禹穴。

由浙江到江苏苏州，看五湖，再渡江到江苏淮阴，访韩信故地。然后北赴山东，到曲阜，恭敬参观孔子遗迹。又到临淄访各国都城，到邹城访邹泽山，再南行到滕州参观孟尝君封地。

继续南行，到江苏徐州、沛县、丰县，以及安徽宿州，拜访陈胜、吴广起义以及楚汉相争的诸多故地。这些地方……

摆脱困境后，行至河南淮阳，访春申君故地。再到河南开封，访战国时期魏国首都，然后返回长安（余秋雨《寻觅中华》）

这是司马迁的行程表之一，记录的是他二十岁开始的两年多漫游行程路线。此外，还有他第二次外出旅行的路线表，恕不再抄录。

余秋雨热衷的无文化细节的第四种，可称之为替文化人评功摆好的功劳簿。《山河之书》所收入的《都江堰》、《杭州宣言》、《青云谱》、《贵州傩》、《故乡》等文，无不洋溢着为有名气和无名气的文化人歌功颂德的热情，照例又伴随有一系列文化感悟。

说实话，我较为详细地介绍余秋雨把无文化的技术性细节操作得精熟，并不是企图证明这样做是什么“可怕的堕落”，倒是在看出他为此道所费的心血难能可贵的同时，感到他反对学界热衷于技术性的文化细节不公平。做学问与搞创作一样，都离不开细节的东西。在管理学上，甚至有“细节决定成败”的理念。同为文化人，只要对学术有用有利，不管是什么形态、性质的细节，都大胆运用无妨。我琢磨余秋雨拒绝文化作品、文学作品中的细节本已造成他的文化议论每每失之于空洞无物，如果再不允许他运用上述四种无文化的细节作填充剂，其后果不堪设想。

做学问，应当在追求真理的长途上公平角逐，友好竞争。若不然，文化就变成了你死我活的武化。这是我从文化细节之争中悟出的一个文化结论。

什么是人身文化

余秋雨有一篇题为《身上的文化》的文章，讲的是人自身的文化修养，文中有“个体文化”的提法。我想以“人身文化”的概念取代“个体文化”，理由有二：其一，深入研究的需要；其二，可与其他学科接轨。

以实际需要而论，“身上的文化”或“个体文化”运作起来，总离不开个人的文化修养的话题。余秋雨在文章中所谈的“不再扮演”、“不再黏着”、“必要贮存”、“必要风范”，无非都是在讲一个文化人应当怎么做、不应当怎么做之类的道理，很难做出什么学问来。而人身文化，可划分为肉体生命文化，精神生命文化两个分支，其构成了文化分类上的三分法的整个底层文化层面，该讨论的课题实在多得很。

以与其他学科接轨而论，在哲学上有人身哲学的分支，在法律上有人身权的范畴，故“人身文化”概念的提出与运作，可顺理成章地与这两个方面接轨，以便彼此互相支撑，共同发展。

本文拟对人身文化作初步探讨。

一　先秦人身文化成果简述

先秦时代，率先注意到人身文化的是六经之首的《易经》。我之所以把人身文化作为底层文化，认为它是文化研究的基础工程，是因为吸取了《易经》的智慧。“有天地然后有万物，有万物然后有男女，有男女然后有夫妇，有夫

妇然后有父子，有父子然后有君臣，有君臣然后有上下，有上下然后礼义有所措。”（《周易》）几句话，如同人类文化进化史大纲，概括了男女生命个体从大自然界中诞生之后，才一步步出现了婚姻、家庭、社会以及礼法。千里之行，始于足下。只有率先究明了生命个体的奥秘，才可进而更有效地研究中层社会物质文化、制度文化，最后去攀登高层学术文化、文学艺术文化的高峰。

余秋雨一贯醉心于君子之道，讲了不少道理，总叫人感到没有脚踏实地。倘若读一读《易经》，一切疑问便可迎刃而解。

> 君子黄中通理，正位居体。美在其中，而畅于四支，发于事业，美之至也！（《周易》）

这意思是说，堪称君子的人，应牢牢挺立在黄土地上，把自身摆在恰当的位置，美好的情怀藏而不露，用自己的行为去表现，用事业有成加以发挥，这样就达到了美的极致。我读到这几句话，比看了一本书的收获还大。君子以精神修炼之功统率肉体生命活动的人生道理，讲得再明白不过了。

肉体生命是应当保养的，那么保养的原则是什么呢？孟子提出了区分大人与小人的两种不同的做法，从而明示要做大人，不可做小人。“体有贵贱，有小大。无以小害大，无以贱害贵。养其小者为小人，养其大者为大人。”紧接着，孟子强调说：“如果有人只保养他的一个手指，却丧失了肩头和脊背，自己还不明白，那就是糊涂虫了。”（《孟子·告子上》）孟子还告诫说：“耳目之官不思，而蔽于物……心之官则思，思则得之。不思则不得也。此天之与我者，先立乎其大者，则小者不能夺也。此为大人而已矣。”（《孟子·告子上》）君子与小人的分野，在如何保养，运用自己的头脑与其他感觉器官的区区小事上就客观存在，旁观者也能觉察出来。

孟子在谈到人的外表与内心的关系时，跟上述《易经》的看法极为一致：“君子所性，仁义礼智根于心，其生色也睟然，见于面，盎于背，施于四体，四体不言而喻。”（《孟子·尽心上》）这里所说，依然是君子的本性，就是把仁、义、礼、智、信这些美好的品质积蓄于心中，外表安逸祥和，使全部肢体都能自然而然地表现出内在美好素质。它反对的是内心空虚，外表装模作样的伪君子。

关于养生、修身，孟子还有一种哲理见解，就是认为：人要求满足各种生理的需要，是合乎人的自然本性的，但这种主观要求在客观上能否达到，却应听从命运的安排，故君子或大人不能强求不属于自己的东西。他富有哲理的原话，是这样的：

口之于味也，目之于色也，耳之于声也，鼻之于臭也，四肢之于安逸也，性也，有命焉，君子不可谓性也。(《孟子·尽心下》)

在回顾了一系列圣人、仁人、志士从低微的出身中成长的经验之后，孟子得出了一个普适的结论：老天爷将要把重任交给某一个人的时候，一定会先使他心志受苦，筋骨劳累，忍饥挨饿，身上一无所有，想干什么都不顺利，这样才可使他意志坚定，能力增强。(《孟子·告子下》)

总之，孟子的人身文化观较为完备。

《列子》关于人身文化的思考，有几点可谈。首先，《列子》所载《杨朱》中的杨朱认为人是万物之灵，人区别于所有动物的一大独特之处，是人以智慧生存于世，而不是靠身体的力量。他说："人的牙齿和指甲不能防卫自己，肌肉皮肤不能抵触外敌，快步奔跑不能避害，身上没有羽毛防寒保暖，只有仰仗智慧而利用万物，才能生存下来。"(《列子》)

其次，列子本人用自己向老师学习三年、五年、七年、九年之后所达到的超人智慧的切身经验表明，当人的心智得到充分发挥、利用之后，就会以进入一种忘掉肉体存在的境界。他看东西、听声音不依靠眼睛和耳朵，闻气味、尝味道不依靠鼻子和口舌，内脏和四肢以及全身骨骼，仿佛都不存在，如同过眼云烟，而心智却坚如木石。这现身说法的经验，说得更明白一点，就是认为人活在世界上，不要停留在满足肉体生命的生存需要上，而应大力开发智力，丰富精神生活。

列子所讲名医扁鹊给鲁国人公扈、赵国人齐婴治病的故事，寓含的人身文化启示，可认为是对上述灵肉关系的强化。扁鹊给这两个人治好一般生理疾病之后，进而治他们的精神疾病，即去掉各自性格的弱点，办法是进行换心的大手术，将他俩的心来一个对换。手术之后，发生了奇迹：公扈回家，

回的是齐婴的家，老婆孩子都不认识进家的这个人。与此同时，齐婴回家，回的是公扈的家，老婆孩子也不认识来者是何人。两家为这奇事打起了官司来。经过扁鹊出现解释原委，这才平息了争讼。

扁鹊的所谓“换心术”，就是现代的换脑术。据媒体报道，有一位接受换脑术的人，一改从前的身份、性格，那被换上去的脑袋完全主宰了原有身躯，跟从前判若两人。时隔两千多年的外科手术所创造的人间奇迹证明，人活在世界上的的确确是用智力支配全部肉体生理结构的。修身养性的极端重要性在这样的故事的形象启示、训导之下，被置于无以复加的高度，由不得你不相信。

最后，列子非常重视人们精神生活的健康。既然丰富人们的精神生活至关重要，那么精神生活自身又有着跟生理健康一样的是否患病的问题。《列子》记载了一个让孔子都难以说明寓意的故事。宋国有一个名叫华子的人，人到中年突然得了健忘症，早晨发生的事到晚上就忘记了。在路上走着走着就忘记了要到哪里去。有一个高明的医生用心理疏导的方法治好了这人的健忘症，不料他当即又患上了躁狂症，在家里大发脾气，赶走妻子，处罚儿子，举着长矛追杀给他治病的医生。华子的邻居没有办法，只好把他捆起来，问他是怎么一回事。他这才解释说：从前患健忘症时，一切都忘记了，什么烦恼也没有。现在突然恢复了记忆，几十年前的人间烦恼在心里一下全复活了，那些存亡得失、喜怒哀乐如潮水般涌来，折磨我，叫我实在忍受不了。子贡听到这个故事，让孔子解释这是为什么。孔子只回答了一句：“这件事你是理解不了的!”(《列子·周穆王》)

其中道理并不深奥。健忘病患者不能积累知识和智慧，这使当事人只能停留在情境式的眼前状态，比智障者高明不了多少。躁狂患者则失去了自控能力，不能保持身心的平静，严重适应不了人类共处于同一社会的生活环境。当一个人先后患这两种精神疾病的时候，他所受到的精神折磨会远远超过单一病症患者，故启示力度更大。

二 庄子关注残疾人身心健康的独特贡献

庄子常被学人称之为“出世”、超脱、虚无主义的思想家，这应当是一种误读误解。何以见得？在人身文化的底层，庄子的关注度大大胜过孔子。孔子一心推销他的齐家、治国、平天下的学说，这使他顾不上谈人身的起码生存需求。庄子却不同，他空灵缥缈的哲学幻想常植根于人身文化的底部土壤。他深刻体会到，人所痛苦的，是身体得不到安逸，口中得不到美味佳肴，身上穿不到华丽衣服，眼睛看不到缤纷色彩，耳朵听不到动人音乐。(《庄子·至乐》)你看他对人是多么关爱呀。

人们的生理结构一般是彼此相同的，因多种原因，一部分人在生理上有其区别于常人的变异性。尊重他们，就应从尊重他人的某些生理特征做起。庄子所讲的混沌的小故事，颇能说明这个道理。混沌有两个朋友来访，他热情款待二人。两个朋友深受感动，就商量报答的方式。他们说：“人们都有七窍，用以看、听、吃、呼吸，唯独混沌没有，我们一起来为他开窍吧。”于是，他俩每天为混沌开启一窍，待七窍全部打通之后，混沌就死了。(《庄子·应帝王》)两个朋友好心没有好报，把一个善良而热情的混沌活活弄死了。其原因就在于他们没有看到混沌未生七窍的特殊生理结构。

当今之世，残疾人事业得到大发展。在中国有残疾人联合会的全国性组织机构，在国际社会有残疾人奥运会，这不仅给残疾人带来福利，而且使他们有了体育锻炼、比赛的天地。我在这里想说的是，这项全人类的慈善事业，在中国一直可以追溯到庄子那里，是他在中国率先注意到对残疾人的关爱。

《庄子·德充符》一共讲了六个残疾人的故事。庄子通过这些故事所要表达的基本思想，是肢体残缺或有某些生理缺陷的人，依然可以有健全、充实的精神生命，而肢体健全的人不一定有健全的精神世界。第一个出场的王骀，受过刖刑，用一只脚走路，日后当了老师，以“不言之教”的特殊教育方式

培养学生的自学能力，取得的效果是学生们“虚而往，实而归”，孔子听说这动人故事后，将其誉为“圣人”，并表态说：要让鲁国的人们都听从王圣人的教导。第二个出场的是申徒嘉，也受过刖刑，跟郑国主政大夫子产成为同学。起初子产瞧不起他，不愿跟他同行，后来申徒嘉以凌厉的语言攻势打败了对手。子产惴惴不安，哀求道：“请不要再说了！”第三个出场的还是一位因刖刑致残的人士，名叫叔山无趾，他与孔子刚一见面就受到孔子的嘲弄。不料此人也伶牙俐齿，说得孔子自认浅陋。

第四个名叫哀骀它，未曾出场，通过鲁哀公带着对哀骀它的迷人魅力的疑问请教孔子的间接描写方式，塑造了一个外貌丑而心灵美的人物形象。此人有超强的亲和力，大丈夫与他相处都舍不得离开；女人们与之相处后纷纷向父母表示，与其给人当妻子，不如给这个人当小妾。鲁哀公同他相处不到一年，就非常信任地把辅国大权交给他，不料没多久，他竟悄悄离去。鲁哀公感到十分疑惑：这是一个什么样的人呢？经请教孔子、展开讨论以及孔子的证论，得出的最后结论是：这是一位“才全而德不形”的人物。意思是有全知全能的内在智慧和道德修养，而外表上却是平平常常，没有丝毫引人注目的地方。在我看来，这则故事表明了庄子对儒家的君子中庸之道的认同，其附加意义是：有生理缺乏的人照样可以修炼出崇高的人格。就这样，人身文化被庄子赋予了双重的哲理，即内心美与外表丑的统一，德才兼备众人难及与团结大众极有亲和力的统一。对如此迷人的人格用身残志坚一类的赞叹之辞，该是多么苍白无力。

第五位是驼背，第六位长有肉瘤。他俩分别去游说卫灵公、齐桓公，不约而同受到欢迎和重视，致使两个国君再看身体健全的人，反而觉得他们脖子细小而不正常。庄子讲这两个人物惜墨如金，要启示读者的也是人身文化哲理：当残疾人的人格魅力表现出来之后，即使是位高权重的国君，也会为之倾倒，忘记他们肉体的残疾，更何况一般人呢？

对庄子佩服得无以复加的余秋雨，从未顾及庄子在残疾人事业上的开创之功，大有掏空《庄子》全书的文化宝藏，使其仅剩躯壳之嫌，我们自然很不满意。

三　中国人身文化史举例

明朝问世的《幼学琼林》一书，载有《身体》一部，记录有上起黄帝下至宋代有关人身文化的典故、传说和习惯用语。若打散其行文结构，按时序重编这些材料，便可见到中国人身文化几千年发展史的清晰线索。其中的文化内涵有一个基本特征：无论着眼于诉说人身的哪一部分生理现象，都折射着中国古代社会的价值观，罕见纯生理知识的传播。

一开篇首先映入眼帘的景观，是古代圣贤在生理上都有超凡脱俗的特异之处。初看，会感到怪诞，不可信，再想一想，可意识到，这一切无非是将圣贤之所以为圣贤的原因说成是命中注定，无可更改，也不可仿效的先天存在。请看：尧的眉有八种色彩，舜的眼有两个瞳仁，禹的耳有三个孔，商汤的手臂有四个肘关节，周文王长着龙一样的须、虎一样的眉、胸有四乳，周公的手能抓起自己的手腕，孔子的头顶四周高中间低，晋文公的肋骨紧紧连在一起，汉高祖胸部隆起如斗状，还有三国时的马良兄弟五人唯他长白眉毛，等等。这些应读作人身文化的反面教材，没有科学性可言。可是在古代，江湖相面术士每每推销这些荒诞不经的传言，不少人竟信以为真。

在底层人身文化层面，可寻得各界人士的专业印记。道家把两肩称之为玉楼，把眼睛称之为银海，很容易让人联想到道家炼丹成仙的境界。把女人的手指形容为春笋，把女人的眼睛形容为秋波，是言情小说的俗套。酷吏来俊臣竟然想到往囚犯鼻子里灌醋的损招，法外用刑的狠毒可见一斑。

“发肤不可毁伤，曾子常以守身为大”。仅从字面看，这是提醒受启蒙教育的孩子们要爱惜自己的身体，若考证其典故，则可进而知道是借以传播孔子的孝道思想。曾子是孔子的学生。《孝经》“开宗明义”第一章，讲的就是孔子对陪坐一旁的曾子讲孝道的情形。孔子说：“我告诉你，身体头发皮肤，都是父母给的，不可毁伤，这是行孝道的开始。”把爱惜自己的身体提高到对

父母孝顺的高度来认识，比单纯讲珍惜生命的效果自然要好得多。孔子不愧是教育家，着眼点就是不同寻常。

东北地区有“溜须”一说，指的是奉承、拍马的行为。可大家都说不清其说的来历。《幼学琼林·身体》有云：“丁谓为人拂须，何其谄也”。注释者告诉我们，此典来自《宋史·寇准传》。丁谓，是寇准的门客，后当了参政，侍奉寇准非常谨慎。有一次吃饭，菜汤污染了寇准的胡须，丁谓连忙起身来清除了污渍。寇宰相笑着说：“参政是国家大臣，竟为长官拂须!”就是这个小人，不久排挤寇准，自已取而代之了。“拂须”二字，就这样有来头，有讲究。东北人的“溜须”戏言，原来有古色古香的历史之根。

唾液，是口腔的分泌物。从纯人身文化现象看，仅此而已。可在成语唾面自干中，这四个字的文化含量却很重，其价值更有讨论的必要。《身体》部引用这个成语云：“待人须当量大，师德贵于唾面自干。”先看“唾面自干”是怎么回事。《新唐书·娄师德传》讲了这样一个故事：弟弟将出门做官，哥哥娄师德问他该如何待人处事。弟弟举例说：“如果有人把唾沫吐在脸上，把它擦了就完事了。”师德说：“不行，你擦了它，这就违背了别人发怒的意愿，正确的做法是让唾沫留在脸上，直到它干了为止。”以后，“唾面自干”的成语就用来比喻受到侮辱而加以容忍，不作任何反抗。

这种人身文化现象所表达的人生态度，还应视为正面价值吗？我以为，心胸大度是应当的，尽可能容忍他人的过失也是有必要的，但对侮辱人格的粗野言行，则应采取合理的应对举措。一味姑息迁就，不利于遏制“唾面”之类的丑恶现象。我们应当提倡的是互相尊重。

《幼学琼林》是中国古代文化的好读本，堪称一座文化宝库，仅《人身》这一部分，就提供了极其丰富的人身文化资料，对文化学者的诱惑力就不知有多大。

人身文化的理论研究，可从梳理上述人身文化史资料的系统工程中寻求或开辟前进道路。

个体生命的人格分类、特征，文化人格的形成、品质等问题，应是人身文化研究的核心问题。本文所谈，既为这核心问题的研究奠定了起步性的思路，同时也涉及人格的核心话题。

怎样给文化分类

如果说学术上的分类研究取决于对象的复杂性和笼统性，那么无所不包的“文化”的分类，就是文化研究上的格外突出的迫切需要。余秋雨没有谈到文化分类的问题，却有大量的分类概念散见于各处，这就使人产生了疑惑：这各种名目的“文化”来自何方？怎么出现的？彼此是什么关系？不消解这些疑团，就难免让读者感到玩文化的无聊。

一　概念运用的随意性标志着理论进路的堵塞

我从余秋雨的6本书中寻找到104种互不重复的文化概念。若再扩大搜索范围，相信还会有新发现，从而大大突破这个并不准确的初步统计数据。为供大家研读的方便，现把这百余种文化分类意义上的概念抄录如下：

希腊文化　波斯文化　中国主流文化　整体文化

以上四种“文化”见于《中国文脉》

科学文化　世俗文化　人类文化　沙龙文化　茶文化　海盗文化　新文化

以上七种“文化”见于《行者无疆》

文本文化　生态文化　山河文化　蒙古文化　西藏文化　官方文化　马家浜文化　广富林文化　仰韶文化　马家窑文化　大汶口文化　龙山文化　良渚文化　田螺山文化　河姆渡文化　当代文化

松泽文化　凌家滩文化　远古文化　独立文化

以上二十种“文化”见于《山河之书》

传统文化　古文化　地域文化　鲜卑文化　汉文化　印度文化　西域文化　中亚文化　犍陀罗文化　黄帝文化　大文化　中国本土文化　国际文化　欧洲文化　美国文化　日本文化　大中华文化　世界文化　唐代文化　统治文化　儒家文化　同质文化　贬官文化

以上二十三种“文化”见于《问学余秋雨》

城市文化　台湾文化　民粹文化　谋术文化　小文化　佛教文化　多元文化　包容文化　差异文化　对峙文化　书面文化　谋臣文化　生命文化　复古文化　创新文化　西方文化　国家文化　伊斯兰文化　个体文化　巴比伦文化　局部文化　历险文化　身外文化　饮食文化　炎帝文化　长白山文化　咬人文化　母语文化　宏观文化　固守文化

以上三十种“文化”见于《何谓文化》

样板戏文化　人格文化　戏剧文化　专业文化　中华文化　学术文化　中国文化　虚假文化　排场文化　欢庆文化　滥奖文化　谣诼文化　投污文化　盗版文化　伪精英文化　大众文化　精英文化　大批判文化　整体大文化　电视文化

以上二十种“文化”见于《借我一生》

百余种分类意义上的文化概念，在余秋雨的文章中自由出入，毫无阻碍。在他看来，为了表达文化理念的需要，想要什么样的一种文化，随意在其头上戴一顶帽子，形形色色的“文化”就可登台亮相。至于如何将众多“文化”按某种逻辑关系加以分类，似乎不成问题，用不着花费口舌和笔墨。

然而，文化学作为一门整合性的新兴学问，若对包罗万象的文化不作分门别类的研究，就意味着理论进路的完全堵塞，当浮面理性表述告一段落之后，深入探讨就一定会感到无路可走了。笔者的疑点就很多。例如，“长白山文化”若能成立，那么天下名山、名河、名湖都可打出文化的招牌了；再如

“大众文化”和“整体大众文化”是一种什么逻辑关系；又如“中国主流文化”是什么，相配套的“支流文化”又是什么；还有“谣诼文化”、“投污文化”、“咬人文化”之类是否可以合并为一种“诽谤文化”等，确有一系列值得思考的疑问。

我认为，余秋雨在使用大量的分类文化概念上有浓重的主观随意性，反映了对文化思考的流于浮面印象，缺乏内在衡量尺度，未能深入到庞大的对象实体内部进行上下、纵横的全方位打探，清理出文化自身结构的走向，而心目中的情境性的文化感悟又需要倾诉，于是在万般无奈下那些不假思索的“文化”现象就被冠以各种名目问世了。如果这种推测不错，那么我要说，这些杂陈的文化概念，是堵塞文化研究思路的路障，是对不明真相的读者的一种误导，也是文化思考者的一种困惑，于己于人都大为不利。尤其在当前还没有出现文化分类的理论指导的条件下，其有害无益的作用更明显。

我手头有两本学术专著，都意在从文化角度阐释中国古典文学名著，一本书名为《水浒文化新解》，另一本书名为《聊斋风俗文化论》。前者，书中目录标出的是“茶文化”、“酒文化”、“商业文化”、“民俗文化”、“传说文化”、“娱乐文化”、“绰号文化”、“方言文化”、“谚语文化”、“地域文化”之类。后者，书中目录标出来的是“风俗文化”、“衣饰文化”、“饮食文化”、“居住文化”、“行走文化”、“节日文化”、“仪礼文化”、“信仰文化”、“游艺文化”之类。二书出版的时间分别为2007年、2008年。余秋雨的《借我一生》出版于2004年。从这时间上看，笔者认为余秋雨随心所欲的文化分类概念给这两本书的作者带来了负面影响，应当是不争的事实。尽管学界对后出的两本书作了肯定，认为是一种“创新”，而我却感到这些名目的“文化”对解读《水浒》与《聊斋》完全无济于事，甚至是极大地误读了原著。

可以有把握地说，《水浒》和《聊斋》若从文化角度切入作新的阐释，最佳选择莫过于法律文化。笔者的“法说”系列书稿中，就有《法说红楼梦》、《法说聊斋》这两种。较之法律文化弥漫于小说之中的事实，两位论者所罗列的那么多“文化”，简直不沾边。我无意于指责这两位评论者，却想批评余秋雨作为具有广泛影响力的文化学者未能给对文化有兴趣的学者以积极影响。

也许，余秋雨很不服气。其实，在无视法律文化上，他的文化论所产生的消极影响更是潜在的、巨大的。我注意到，他谈法律的场合不在少数，远远胜过了他所标明的那些“文化”，但从未用“法律文化”加以指称与概括。这样，法律在他的文化论中成了招之即来、挥之即去的影子，始终未能在文化领域占有一席之地。再从余秋雨那些评论四大文学名著的话语来看，其中连法律文化的影子都没有。就这样，该用的极重要的“法律文化”概念压根儿没有踪影，而一系列可有可无、似是而非的“文化”概念却遍地都是，这就很难把文化阐释推向前进了。

二　以文化人格的级别作文化分类标准的设想

余秋雨关于文化必须提升到文化人格的提法及其相关的见解，我是赞同的。是此，在文化分类上，我有一个设想，就是以文化人格的级别作为文化分类的基本标准。我在《什么是文化人格》一文中，已初步谈到自己的有关想法。这里将它作为对文化分类的标准，实质是从另一角度讨论什么是文化人格。可见，二者有相互依存、彼此促进的作用。

人格理想显然处于文化人格的高层，因此相关的人格文化就是高层文化了。它包括学术文化和文学艺术文化两个组成部分。

既然有高层文化，那么也就有相应的底层文化，它指的是人身文化，即人类个体的肉体文化和精神文化。在这一层次，人格指的是人的个性。

那么，处于中层的文化是什么呢？就是社会的物质文化和制度文化。在这里，存在着文化整合的巨大空间，如同文化人格的大熔炉。

可把我的文化分类标准和分类结果以及每一层次文化的文化人格基调，用下列示意图加以说明：

文化
- 高层文化：学术文化　无私奉献
  - 文艺文化　造福人类
- 中层文化：社会物质文化　不损害别人
  - 社会制度文化　全社会和睦相处
- 底层文化：人的肉体生命文化　不损害自己
  - 人的精神生命文化　保持身心健康

首先要说明的是，这三层文化对象有较大的相对独立性，因为其各有不同的具体对象与任务。底层文化对象，是对人自身文化的观察和思考。人自身是肉体与精神的统一体，在其他人文社会科学中，人自身的对象时常被淡忘、被排斥，致使许多学人在论著中对人自身产生误解。汤显祖的《牡丹亭》中的石道姑因女性生理缺陷所造成的婚姻破裂、蒲松龄的《巧娘》中傅姓青年公子因男性生理缺陷所造成的婚事长期搁浅，都是作家关注人的自身肉体生命有缺陷导致人生不幸的严峻问题的艺术描写，体现出作家可贵的人文关怀。然而一些文学评论家却并不理解，有的认为前者形象多余，有的认为后者整篇小说“没有思想意义”。在底层文化论的理论建构中，这类误读误解将得到彻底纠正。

关于底层文化的解读，余秋雨同样也有所失。他曾抱怨“中华文明较少关注个体意义和机体意义上的自我”（余秋雨《千年一叹》），这意味着上述两位作家的严肃思考同样被他忽视。尤其在先秦时代的《孟子》、《列子》、《庄子》等书中，有大量篇幅写到人的肉体生命与精神生命的相互依存关系，提出精神生命的优化远远胜过肉体生命的保养等人身文化的哲理命题，启示着文化人格的铸造应追溯到这底层的文化根基层面。如此看来，余秋雨的抱怨毫无道理。但我相信，以他的敏锐才思，是很容易在这里填补自己的理论空白的。

关于中层文化，它是底层文化研究上升到高层文化的通道，研究者应尽可能地找到承上启下的纽带，用以兼顾上下两层文化对象实体的内在联系的东西。

关于高层文化，其应是文化研究的重点之所在。因为中华文化和世界各

国文化的人格理想，首先寄托在文学艺术作品之中，其次才表现在学术文化所追求、表述的真理之中。

其次，要解释的是文化人格的三个级别的基调或实质。底层文化人格，是人格理想的起点，因而对它的起码要求是热爱生命，不损害自己，保持个体的身心健康。不要鄙视这一起点，它是崇高人格理想的底线。若突破它，人格理想完全是空谈。

中层文化的人格实质，是在底线的起始点上更进一步，不要损害别人，使全社会所有个体的人彼此间和睦相处。做到这一点并非易事。余秋雨所不满的一切文化人格，证明许许多多文化人根本做不到这一点。《列子》有一篇文章把形形色色的人格缺陷人格化，描述它们相约为四人一组，到世界各地云游。最后的结论是："此众态也。其貌不一，而咸之于道，命所归也。"（《列子·力命》）这意思是说，二十种人格缺陷各有其表现，都是为人之道上的客观存在，好像命中注定会受到它们的纠缠。从这里可以看出，中层文化人格势必会同各种人格缺陷作长期斗争。余秋雨在这个问题上只有一个关注焦点：力反"小人"。对照《列子》的论述，似嫌过于单调，该讲的文化之理很多，老在"小人"的角落里兜圈子就无法讲清楚。

令余秋雨醉心的、我们认同的崇高人格理想，就像隐身人一样，潜藏在品格高、真理性强的文学、艺术、学术作品之中。在寻找、表述时，千万不可抛弃对底层、中层文化人格的回顾、提升工作。唯其如此，一切美好人格理想便是脚踏实地的，有铸造过程的，可以学习和仿效的，是可让我们时刻动心的真切存在。高层人格理想的基调或实质，便是无私奉献自己的一切，造福于民族和人类。

三　中国文化的核心或灵魂是什么

以上对文化分类的设想若能成立，它对总体文化、中国文化和其他国家的文化分类，都是普适的。接着要讨论的问题是：既然要对文化分类，以便于作综合研究，宏观地把握文化的大趋势、大规律。那么，整合中国文化，能够从中找出什么样的大趋势、大规律呢？这是专门学问，该研究的东西很多。这里，仅简单谈谈中国文化的核心或灵魂的问题。

余秋雨对这个问题做出了明确的回答。他说：

> 我还认为，中庸之道加上君子之道，是儒家的灵魂所在，也是中华文化的灵魂所在。（余秋雨《问学余秋雨》）

我不同意这种说法。首先一个理由，是把中庸之道和君子之道当做儒家的灵魂不符合事实，或者说这是对儒家思想以偏概全式的整体误读。误读的原因在于余秋雨没有对纵贯于上述三层文化之中的儒家思想脉络作出梳理，而是凭某种文化想象与猜测就得出了主观结论。这种做法，我称之为学术上的走捷径，是当今学人学问之道的一大弊病。余秋雨未能去除此弊病，实为憾事。

上面说过，儒家代表人物之一的孟子，在底层人身文化上给予了足够的关注。《孟子·告子》承认人对自己身体的皮肤、耳杂、眼睛等器官的爱护与保养的必要性，同时更强调“心”的统率作用，从而提出了“大人”与“小人”的分野：大人用“心”思考万物，从中找出为人处世的真谛，而小人只会在肉体的小事上下工夫保养。《告子》篇指出的“吃饭、喝水、男欢女爱”是人的自然本性，历来受到学人的认同，值得注意的是，在人的自然属性起点上，既然已经呈现出“小人”与“大人”的分野，那么谈儒家思想的核心之时，就不应抛弃底层人身文化思想的有机组成部分。

在中层社会物质文化、制度文化上，儒家思想中起一贯性的全方位主导作用的是什么呢？答曰：既不是君子之道，也不是中庸之道，而是孔子的官本位和家本位思想。在官本位上，他注重君臣关系，强调的是臣对君的“忠”，在家本位上，他注重父子关系，强调的是子对父的“孝”。这种忠孝思想观念自从孔子倡导之后，几千年一直延续下来，深入到中国普通百姓的家家户户，追求忠孝两全几乎成了中国人的人生信条。公职人员为了君而牺牲父，就以“忠孝难以两全”自嘲。

在中国社会的物质文化领域和制度文化的中层文化层面上，以忠孝为基本标志的官本位和家本位思想，如空气、水分一样，渗透力极强，无处不存。无论你种田、做工、打仗、经商还是当文化人，也不管官方下什么命令、有什么制度，都要受两种本位思想的无形大手的掌控、指挥与捏弄。因此，当社会上发生了一些事端，尤其是在出现重大事件、变故之后，往往就闹出各种传闻、各种是非，使事情的真相难以澄清，依制度、按法律、照命令办事也就大打折扣了。中层文化的奥秘就在这里，儒家思想的灵魂也主要表现在这里。

高层学术文化、文学和艺术文化，是中国文化人格理想的栖身之所。唯有系统而正确地解读这些文化作品，才可逐渐看清积累了几千年的文化人格理想的全貌。在这里，我想重申曾另文说过的一个基本观点，就是“庄子的至人、神人、圣人、天人、真人”这五人观高悬在中国文化的上古时代，其标志着后代只能仰望而不可企及的最高文化人格理想。而余秋雨所推崇的屈原、司马迁、颜真卿、李清照等光耀千秋的人格，离庄子的“五人”目标的距离，可想而知。因此，寻觅中国文化的灵魂，怎能无视庄子的人格理想呢?

庄子“五人”的人格理想中的闪光点是：作为社会的一名成员，要做到不追求个人的私利（至人），不讲自己的功劳（神人），不计较一己的名声（圣人），尊重客观规律（天人），避开触犯刑法的一切过错，甚至连内心也不可有做坏事的闪念（真人）。请问：世上还有比这五种人更高尚的例子吗?

可以认为，两千多年来的中国人中出现的可歌可泣的英雄豪杰、仁人志士，都不过是在朝五种理想人格目标努力前进罢了。对人格理想的进一步发展、优化，当在中国文化的继续前行和积累。揭示和阐述这种人格发展趋势是文化创造者和研究者的历史性使命，不可掉以轻心。

《西游记》所塑造的孙悟空，为发展庄子的“五人”文化人格理想注入了新元素，把封闭在神州大地千年之久的人格理想推向了国际文化大舞台，标志着国际主义文化战士的出现。从此后，再谈文化理想若忘记了老孙四海为家、把众多国家的除恶打黑事业自觉承担起来的国际主义精神，那就太狭隘了。

据以上简略说明可知，认识和表述中国文化的灵魂，应当纵观三个层面上一贯地起作用的文化人格基调中的鲜活生命元素。我的表述是：孟子的底层人身文化的“大人论”以及列子、庄子的人身文化观，孔子的中层文化官本位和家本位思想，庄子的“五人”人格理想，如同三股绳扭结的长缆，在中国文化航船上提供了到达每一个港口停泊时的安全保障；又像三大经络系统贯穿在中国文化巨人身上，使这个东方巨人昂首挺立行走于世；更像一台超级电脑，有效进行着各种文化密码的设计、运用与破译、传递。

附记：此文写于孔子的“五仪”人格图谱发现之前。为让读者了解笔者思考过程及观点的细微变化，就以原稿原文与读者见面，而没有对本文第三部分加以相应修改。

孔子的“五仪”人格理想图谱在《什么是人格理想》一文中有所说明，可参看。

文化与人格是什么关系

余秋雨的文化议论的一个极为突出的特色，是酷爱运用文化人格这个关键词。据初步统计，在余秋雨的一系列著作中，使用这一概念的地方，至少有一百二十多处。一一读来，总感到它们像廉价的标签，随心所欲地张贴不已，可相应的实质性内容却无论如何也找不出来。

我的总印象是，论者讲什么文化现象、文化人物、文化作品，必定紧紧跟随人格标签的张贴。例如，讲到汉字，那一笔一画都有人格；讲到华语，其背后有文化人格；讲到《精卫填海》、《女娲补天》等四个神话，里面也有文化人格；讲到皇帝康熙、乾隆等人，其健全人格令论者动心；讲到科举考试，“科举人格”出来了；讲到宗教，宗教教义的人格化，让世俗之人感到亲切；讲到唐诗，有诗化的人格；讲到宋词，有豪放、婉约的人格……总之，如同阳光、空气、水分一样，人格之类的概念无处不在。连论者心目中的山西人、上海人也各有其文化人格，从而产生了两篇叫两地人欣然认可的著名文章——《愧对山西》和《上海人》。

出乎人们意料之外的是，当我们把这一百多处的人格议论加以梳理，加以推敲，就会发现其中疑问很多。本文仅提出和讨论一个基本的问题：为什么要谈文化与人格的关系，以及二者的关系应当怎样理解？

论者的文化言论之所以热衷于人格关键词，是因为他引进了荣格的有关理论。荣格认为，一切文化都沉淀为人格。论者多次表明了自己对荣格的尊崇。表面上看，这是无可非议的，但要真正打探文化和人格不可分离的相互关系，问题就不那么简单了。

以人格的单边问题而论，人格并非文化学一门学科的对象，并且各学科都有其侧重点。法律上的人格，重在人的权利、义务以及人格尊严不受侵犯；哲学上的人格重在人的自我意识与自我控制能力，甚至由此产生了人格主义哲学派别；心理学上的人格，则指人的个性，注重从生理基因上寻找人格形成的奥秘，进行人格的分类研究；伦理学上的人格，看重的是人的道德品质，主张人格平等。因此，形形色色的人格理论与相应的研究方法就应运而生了。

显而易见，就文化学研究人格的客观需要来说，单一引进荣格的理论是远远不够的。然而，要在众说纷纭的人格理论中提取文化人格所必需的养分与支撑点，并非易事。想到这一点，再看余秋雨一百多处几百次“人格”概念的漫天飞舞，就不由得担心起来：荣格的人格论果真全知全能，一直在为论者指引跋山涉水、过关斩将的胜利道路吗？

转念一想，自己的担心也许是多余的。那么，就让我们平心静气地重温那些纷至沓来的人格议论本身好了。可是，看来看去不仅没有解除原有的担心，反而一再发现让人更担心的东西——文化与人格到底关系如何的疑问越来越多。

余秋雨在引进荣格的理论时，每每强调的是“文化沉淀为人格”，可在具体分析文化人格对象的场合，他说出的分明是与之相反的结论：人格决定文化。我们不禁要问：论者如此打着荣格的旗号来反对荣格，这是怎么一回事呢？

《田园何处》一文，余秋雨运用人格、文化人格以及文化人格分类意义上的各种不同人格概念共有二十五个，由此即可断定，此文是论者发表文化人格议论的一篇典型代表作品。就在此文中，匪夷所思的大疑问赫然在目。先抄录其中一段话：

> 他，就是陶渊明。
>
> 于是，我们眼前出现了这样的重峦叠嶂——
>
> 第一重，慷慨英雄型的文化人格；
>
> 第二重，游戏反叛型的文化人格；
>
> 第三重，安然自立型的文化人格。
>
> 这三重文化人格，层层推进，逐一替代，构成了那个时期文化演进的深层原因。（余秋雨《中国文脉》）

这一段诗一般铿锵有力、悦耳动听的议论中，几乎是不露痕迹地在反对荣格。此时此刻，荣格尚未出台，故一切似乎尽是论者心中主见，且叫人耳目一新。对于很多读者来说，三重文化人格的分类，还是头一次听说，新鲜。三重文化人格“层层推进，逐一替代”形象而逼真，如此文化景观头一次被发现和描述，新鲜。三重文化人格演变的过程、规律尽在这新鲜感之中。最后的结论——三重文化人格演变的“深层原因”，“构成了那个时期文化演进”的结果，同样也很新鲜。把所有这些新鲜的文化感悟与议论综合起来，考察文化人格与文化的关系，所得出的结论只能是这样一句话：文化人格决定文化。如此解读，可大胆保证，绝对符合论者的表述逻辑。唯其如此，这里想找出余秋雨的错误和问题，连门都没有。

然而，从论者对荣格的有关理论的反复引用和强调来看，这段话表达的文化理念，就因为与荣格恰好相反而出现了错误。我之所以认为这段话是以“不露痕迹”的方式在“反对荣格”，道理就在这里。更何况，在上述引文之后，相隔两行文字，果然又出现了荣格的话：“一切文化都沉淀为人格”（余秋雨《中国文脉》）。如此一来，“反对荣格”就公开化了，变得特别显眼了。论者全然失察，这有点不可思议。

在《田园何处》一书中，余秋雨一面引用荣格，一面又反对荣格的自相矛盾，并不是仅上面抄录的一处地方，而是下面还有行文犯了同样的错误。论者把陶渊明认定为“安然自立型文化人格”的代表，用来作论据的是这位诗人的作品：其一是大段抄录的“采菊东篱下，悠然见南山”这首诗，其二是用了一千多字加以评论的《桃花源记》这篇文章。这就是说，在又一次确认荣格关于文化沉淀为人格的前提下，论者另行实际论述和证明的文化理念却是：人格决定文化。同一篇文章以先后两次误读误解荣格的表现方式来完成，是不是可以认为论者的文化人格论遭到了彻底失败呢？

我考虑到一个弥补措施：将此文中引用荣格的一段话完全删去。这样做的结果，是《田园何处》作为论者的人格论代表作自身就不再有毛病了，但经仔细斟酌发现依然行不通。因为，在别的好几处地方，论者还有相同的引用文字存在。这样，一旦互相联系地考察起来，这修改方案的出台，如同用纸包火，依然要穿帮漏底。

在这里应当特别强调的还是这样的弊病：将论者所有著作中出现的一百二十多处、几百个各式各样的人格、文化人格、集体人格之类的概念与相关段落全部删去，丝毫也不影响其基本精神面貌！为什么呢？因为它们全部属于外部强行贴上去的标签，并没有名副其实的文化内涵。将这篇《田园何处》所出现的二十五个“人格”标签狠心除尽之后，该文仍不失为一篇不错的文化散文。

我这样说，是有许多反证的。《山居笔记》中的《十万进士》和《历史的暗角》这两篇文章，在收入《中国文脉》一书、于2012年11月出版之前，作者进行了较大的修改。比照一番可知，那修改功夫的突出点，竟是文化人格之类的概念的增删。《十万进士》一文，修改稿增加了一大段文字，意在加进“科举人格”这一概念，同时，正文中又删去了原有的许多人格概念。《历史的暗角》的修改稿除题目改为《大地小人》之外，同样在开头的地方增加了一段文字，醒目地加上了“人格之脉”、“玷污集体人格”之类的话语，从而一举使一篇原本完全与“人格”云云无关的文章，一下子变成了有人格议论的大家族里的一员。类似例子还有不少。在局外人看来，既然论者本人可以任意在文章中增删文化人格之类的大量概念，就证明了读者感觉它们完全属于随意张贴的文化标签，笔者在这里并没有丝毫贬损论者的恶意，而是客观事实使人不能不作出合乎事实的评价。

那么，这两篇文章修改之后，在人格议论的文化含量上，是不是得到了提升和优化呢？我以为，原文是否在文化人格观上有建树，丝毫不以文化人格概念的增删为转移。这正如一瓶茅台酒，不管你在瓶子上贴什么商标，它的酒质和酒味是丝毫不变的。若不是茅台酒而贴上茅台酒的商标呢？那除了混淆视听，依然不能使之变为真茅台酒。

在文化研究上引进人格理论是必要的。据我所知，在世界范围内最早关注此道的学者，当推美国的萨丕尔。他的论文《文化人类学与精神病学》、《人格》、《作为人格特征的言语》、《文化研究中人格概念的兴起》等，问世于20世纪二三十年代，七十多年过去了，今天读来依然有振聋发聩的功效。仅

看他关于人格的定义的说明，就有将文化研究置于相当正确并富于创造性的迷人地位的启示力量。他说：

> 文化学者没有理由害怕人格这个概念。人格不像我们最初必然认为的那样，是对立于历史上特定文化的神秘存在。它是一个特殊的经验结构，往往容易形成一个至关重要的心理单位，而且当它把越来越多的符号与自己联系在一起时，便最终创造出了一个文化的微观世界，官方意义上的“文化”不过是其象征性的机械扩展。把人格起源研究中自然产生的观点为应用到文化问题上，必然导致对文化材料的重新评估。（萨丕尔《萨丕尔论语言、文化与人格》）

萨丕尔让人口服心服的理性魅力在于，对人格定义性的说明原本不过是一种理论建构的起始环节，可他竟然一下就让人明白了这起始的地方并不寻常：它兼顾着文化、心理、历史、政治等学科，整合一切智慧，把文化上以往不曾打开过的固有门窗、过道都打开，召唤你去做登堂入室的工作；即使暂时没有什么必胜的把握，那创新求真的诉求也足够让有学术好奇心的人们跃跃欲试。说到这里，我情不自禁把这段话与荣格的名言放在一起比较，立即感到荣格的话不得要领、没有操作性、不能引发学术好奇心的短处。

作过这种对比，我甚至感觉到仅凭萨丕尔这段话就大体可以对中国文化的不少元素、现象、课题作出以往不可能有的某种新解释。例如，中国古代神话《女娲补天》、《精卫填海》、《夸父逐日》、《嫦娥奔月》这四个神话故事，恰如萨丕尔所断言，组成了“一个特殊的经验结构”，“形成一个至关重要的心理单位”，也就是“一个文化的微观世界”，用中国文化的“格物致知”的思维习惯来考察这“结构”、“单位”、“世界”里面的理性内涵，大约就是这样一回事：中国原始社会的先民在不能区分自然与人类的界限的条件下，“天人合一”是其基本文化信念，于是乎他们要去做在文明社会以高科技手段都难以办到的事情，即使牺牲生命也在所不辞。在这样的心理、精神状态里，文化与人格已达到该时代才有的不可分割的朴实、自然的结合。美的享受胜过了功利诉求，豪情的体验取代了对理性主题的分析。这些就是我接触萨丕尔之前所不可能预见的“重新评估”。

余秋雨是感悟力过人的文化学者，同时他又有极敏捷的思维。我相信，他一旦研究萨丕尔有所得，定会在不久的将来投入他的文化人格专题研究之时迅速突破目前不算景气的状况，取得可观成果。这种突破的意义，将使他不再满足于把人格之类的概念表面化、外在化地到处搬迁，而是以此作为一种文化理念坐标，让散见于文化史各个角落、各种地带的文化材料在这一坐标上各就各位，从而形成众多的文化人格曲线，把这曲线的来龙去脉加以描述，新的文化阐释也就由此产生了。

例如，对陶渊明的文化阐释，到那个突破契机到来之时，将其定位于何种类型的文化人格，就显得微不足道了。因为，依据萨丕尔的文化定义的启示，应当把主要精力放在探讨这样一个文学问题之上：陶渊明开创的田园诗不是孤立的文化现象，而是有着中国作为农业大国的农耕文明的肥沃土壤供其生根、发芽，在形成田园诗格局之后，这一格局又影响后世文学，致使盛唐出现了以孟浩然和王维为代表的山水田园诗派。这样一来，一幅田园诗人文化曲线图就已经显现出大体走向。在这幅文化曲线图上定点定位的诗人们的文化人格，是有血有肉的、有个性又有共性的鲜活生命。描述这一切所形成的文字表述系统，已容不得任何文字上的增删，否则就意味着文化生命的杀戮。

我们真诚期待余秋雨的这种突破。

什么是人格理想

人格理想是余秋雨人格论的最重要的组成部分，而他失误最严重的地方也恰恰在这里。本文认为，论者在这里有四个理论问题没有解决，致使其全部人格理想言论遭到彻底失败。

一　儒家人格理想并非限于君子之道

余秋雨断言："在中国古代，儒家的正面人格理想是'君子'。"（余秋雨《北大授课》）类似的话，他重复说过好几次。论者绕开了一个严峻事实，这就是儒家的人格理想并非限于君子之道的一隅，而是有着完整的结构和系统的阐述。《孔子家语·五仪》记载有孔子的人格理想图谱及详细论述。他把全社会的人分为五个等级，从低到高依次为庸人、士人、君子、贤人、圣人。以下是对各等级之人的人格定位：

> 所谓庸人者，心不存慎终之规，口不吐训格之言，不择贤以托其身，不力行以自定。见小暗大，而不知所务；从物如流，不知其所执。此则庸人也。
>
> 所谓士人者，心有所定，计有所守，虽不能尽道术之本，必有率也；虽不能备百善之美，必有处也。是故知不务多，必审其所知；言不务多，必审其所谓；行不务多，必审其所由。智既知之，言既道之，行既由之，则若性命之形骸不可易也。富贵不足以益，贫贱

不足以损。此则士人也。

所谓君子者，言必忠信而心不怨，仁义在身而色无伐，思虑通明而辞不专。笃行信道，自强不息。油然若将可越，而终不可及者。此则君子也。

所谓贤人者，德不逾闲，行中规绳。言足以法于天下而不伤于身，道足以化于百姓而不伤于本。富则天下无宛财，施则天下不病贫。此则贤者也。

所谓圣人者，德合于天地，变通无方。穷万事之终始，协庶品之自然，敷其大道而遂成情性。明并日月，化行若神。下民不知其德，睹者不识其邻。此谓圣人也。

我以为，儒家的完整人格理想，尽在这五个等级的划分及准确定位之中。在理解、阐述时，应抓住几点关键之处。

首先是把庸人作为人格理想的参照系，换言之，庸人是人格理想的现实基础，要树立和实现人格理想，就必须超越庸人的人格水平线。

其次一个关键处，是这人格理想共有四个向上攀升的阶梯，凡能身处任何一步阶梯的人都具有人格理想，只不过他们在品质、境界上有高下之别罢了。人格理想的峰巅，自然是圣人这一档次，其人数可能极少。

最后一个关键处，是对君子的定位，不同于《论语》中大量有关君子与小人的区别的语录的地方，在于从理论上界定了君子思想、言论、行动、境界的总体特质，即把日常生活经验的说明提升为哲理表述。

余秋雨对上述一切，心中全然无数，走捷径而一步登天般地说“君子”就是儒家的人格理想，这就等于全盘否定孔子在人格理想上的全部智慧与心血。仅止于这种粗暴做法，本已不可容忍，而他还进一步把这极片面、极肤浅、极简单的说法当做中国文化的一大特征，这就更是一种文化观念的大谬论了。请看论者的原话：

把君子作为人格理想，是中国文化独有的特征。（余秋雨《何谓文化》）

现在可以理直气壮地宣告，此说应当报废。若嫌上述报废理由还不充分，

以下还有不少理由可讲。

二　在人格理想争鸣中庄子战胜了孔子

本文宣告论者上述文化谬论应当报废，还有一大铁的理由，就是在人格理想的争鸣中，庄子战胜了孔子。从理论上表述中国文化的人格理想，说明中国文化的特征，这是又一绝不容许抹杀的事实。否则，一切花言巧语都不管用。

论者可能不服气地说："我没有否认庄子的人格理想。"是的，他确有涉及庄子人格理想的议论：庄子的"至人、神人、圣人"，"在跳荡收纵的笔触中表述了一种伟大的人格理想，今天读来还是感到心旷神怡"（余秋雨《何谓文化》）。但是这一说法丝毫不能挽救论者在此的败局。须知，庄子的人格理想同样不限于"至人、神人、圣人"，同样有他完整的人格理想图谱，更何况在庄子以一系列文章逐渐展示其人格理想图谱过程中，已经迫使孔子一一点头认同，还加以补充性的解释。这就是说，庄子的人格理想彻底战胜了孔子的上述一整套人格理想的理论。不正视如此铁的事实，明白此中缘由的任何读者都不会答应。

以庄子的人格理想而论，他除了在《逍遥游》中提出了至人、神人、圣人的概念之外，还有天人、真人的提法。

什么是"天人"？就是说话、办事"不离于宗"，可理解为按规律办事。

什么是"真人"？在《天下》篇中，庄子只列举了两个他心目中的真人，就是关尹和老子，同时泛泛引用了老子的若干见解。让我感到心悦诚服，乐于推荐给广大读者的，是这样的解释：

> 能避免外刑和内刑，只有真人才能做到这一点。（《庄子·列御寇》）

所谓外刑，就是人间法律的处罚，用金属刑具和木板来施行肉体刑罚。所谓内刑，就是人们内心深处的自我反省机制，用以时常反思自己的行为和过错。庄子认为，小人一旦遭遇外刑，即违法犯罪，就要吃皮肉之苦。内心受到刑罚的人，会受到正义（阳）与邪恶（阴）两种力量对撞而产生的精神痛苦。这种人虽比小人高尚，但还不是庄子的理想人格。因此，他对能同时远离外刑和内刑的人推崇有加，美其名曰“真人”。

如此理解真人，说明庄子具有高度自觉的法律意识，更说明他希望人们把这种法律意识深入到内心深处，落实到外部行动上，而不是只会喊口号、装样子。我在想，当今之世人心浮躁，违法犯罪现象泛滥成灾，假冒伪劣商品遍地，弄得大家连吃饭、喝水都缺乏安全感，若呼唤、传播庄子的这一“真人”理想，岂不是再好不过的法制宣传和法制建设的大事吗？

综观庄子的至人、神人、圣人、天人、真人等提法和见解，我认为中国文化史上最崇高、有生命力、极富现实教育意义的人格理想，尽在这五个“人”身上。此外，庄子还有“全人”“大人”之说。

余秋雨在极力推崇君子之道的人格理想的时候，完全忽视了“君子”概念在流传至今的途中，早已被世俗化的理解改变了本来的面貌，被注入了低劣的文化毒素。这一事实如果不加以正视、纠正，那么越是宣传君子之道，就越不利于中华文化的集体人格的塑造。例如，在中国大地上，不知起于何时流行开来一种可怕的人生信条，叫做：“君子报仇十年不晚。”据媒体报道，一农村小青年，把这句话写在自家墙壁上，为报仇雪恨，他面壁十年，苦练武功，果真在十年后把他的仇家满门杀绝。这种杀人凶顽，自命为君子，实质上是用“君子”作为遮羞布，掩盖着极为虚伪、野蛮、偏枯的丑恶内心。把君子之道当做人格理想，就不能不警惕这类歪曲君子之道的各种谬误，文化学者有责任向人们敲响警钟。

从两种人格理想本身的内在关系来看，二者有强大的互补性，即“君子”之道不会违背“五人”之道，反之亦是。尤其要注意的是，庄子不仅不反对君子之道，而且突破了儒家仅从人际关系着眼，观察和论述君子与小人的区别的局限性，进而把目光投向“天”即大自然，看到了君子与小人在天道上的分野，看到了这种分野同人际关系上的君子与小人的分野的对应之处，从而把道家的君子之道阐释得深刻至极。庄子的原话是让孔子出面指出：“天之

小人，人之君子；人之君子，天之小人。”（《庄子·大宗师》）庄子借孔子之口，所讲的这句话的意思是：大自然面前的小人，会被认为是人间的君子；人间的君子，对大自然而言很可能是小人。这是对儒家君子之道的重大修正。若理解上有某种困难，那么联系当今人们对待大自然的两种不同态度与做法，就可见庄子的大智慧了。有的人，为了片面追求经济指标，不惜过度开发甚至滥用自然资源，结果是他们一时间成为有名的企业家，即所谓君子；然而，他们破坏了资源，污染了环境，最终成了大自然的小人。另一种人，尊重自然规律，生怕污染环境，于是尽可能保护自然资源，保护生态，这样又抓生产，又抓环保，经济指标很可能比不上前一种人，于是在片面注重经济指标的评价上，他们成了人间的小人，而对自然界来说，他们却是君子。庄子的君子之道，已经从纠缠于人际关系的浅层上升到尊重客观规律的深层，在当今之世具有强烈的现实启示作用与实践上的导向作用。

综上所述，庄子的人格理想，大大超越了儒家的君子之道的人格理想。余秋雨酷爱给古代文化人物、文化作品排座次。我想建议读者也来投一下票，看看哪一种人格理想该排在首位。

三　论者树立的人格榜样难以纳入人格理想范畴

论者的人格理想言论，还碰到一种绕不过去的路障，就是他所树立的一系列人格榜样难以纳入他的人格理想范畴。从这里可以窥见，他的人格理想云云，只不过是一句空话，一遇到他认定的带理想色彩的人格榜样，二者就有风马牛不相及之弊端。

请看几个例子。

论者说，尧、舜、禹这三位部落聪明的首领，“他们都成了邈远而又高大的人格典范”（余秋雨《中国文脉》）。论者说，李清照“因创造了一种东方高雅女性的人格美而光耀千秋”（余秋雨《霜冷长河》）。论者说，书法家颜真卿的“文化人格，光耀千古”，“具有这种人格水平的文化人，在几千年中国文化史上绝无仅有”（余秋雨《问学余秋雨》）。笔者以为，即使这些树立的人格榜样大家都认同无异议，那么也足以构成一个疑问：论者所醉心的人格理想，为什么完全抛开了这些具有榜样作用的人物呢？如果他们的人格不理想，那么“光耀千古”、“光耀千秋”、“人格典范”作何解释？若够理想标准，那么单提儒家“君子之道”是中国文化的人格理想，又作何解释？

更加棘手之处在于，论者所树立的这一系列人格榜样到底能否成立，恐怕很难说。尧、舜、禹本是传说中的人物，有待考古学的证实，其为人后世有褒也有贬，“高大人格典范”云云，未免虚幻。再说，现代文明社会的一切，他们见所未见，闻所未闻，落后于时代何止十万八千里，拿来作为日益发展的十多亿中国人心目中的人格楷模，让大家去学什么、做什么呢？

尤其是颜真卿，他和他的家族几十人死于叛将的屠杀，这固然惨烈，令人同情，但颜真卿未必就是论者所说的那样伟大和永垂不朽。唐玄宗派七十四岁的颜真卿去劝降叛将李希烈，这本身就是个陷阱，他的命运在受命之时就已注定了悲剧结局：反抗皇命是死路一条，接受皇命去劝降也不会有好下场。颜真卿别无选择，只能去冒险。如果劝降有成而死，颜真卿尚不失高尚。但事实是，李希烈杀颜真卿，是为了报朝廷的杀弟之仇。最令人气愤的是，李希烈终于成了叛将，而无能的玄宗竟下诏书自认有罪，赦免李希烈的背叛大罪，这才换取李希烈的归降。如此一来，颜真卿以及他一家几十口人的性命，算是做了无谓的牺牲。余秋雨讲唐代文化，闭口不讲朝廷的腐朽政治文化，也闭口不讲叛将与朝廷之间的幕后交易的阴谋文化，却把年迈死于非命的颜真卿树为千古不朽的人格榜样，这是什么意思呢？请注意论者在详细讲完颜氏一家的赴死经过之后，结束这一堂课时最后一句带暗示性的话：

> 我相信中国社会今后还会遇到我们今天想象不到的磨难，因此必须把文化提升到人格层面。（余秋雨《问学余秋雨》）

说白了，论者的言外之意，无非是告诉学生和广大读者，在日后一旦出现了社会“磨难”之际，大家要像颜真卿一样不怕流血牺牲。其实，公开讲出潜台词并没有错。国家、民族如果真的出现危难，任何人都有必要大义凛

然，挺身面对，死而无憾。问题在于，颜真卿的死亡，并非抵御国难的需要，而是做了上述阴谋交易的筹码，等于是白白送死。因此，颜真卿没有光照千秋的人格力量。论者的溢美之词反映的是对封建统治的逆来顺受还要唱赞歌的心态。孙隆基在他的《中国文化的深层结构》中讲过一段话，用来评价论者的颜真卿论是合适的。他指出：

> 这种“逆来顺受”以及“多吃一点亏也无所谓”的态度，却是专制主义的基础。因为，一群连自己的权利也不清楚的人，是可以随便让外来的意志加在自己身上的。因此，这种抹杀“自我”的倾向，是中国式的集权主义的基础。（孙隆基《中国文化的深层结构》）

给颜真卿之死唱赞歌，的确有为封建集权主义涂脂抹粉的嫌疑，至少是在回避要害处，只谈琐屑处。

四　实现人格理想的途径悬而未决

余秋雨的人格理想论还有一个问题：实现人格理想的途径悬而未决，如同一个无解的方程式。这种失望的感觉，来自他的记忆文学作品《借我一生》。在这本书中，人格理想的实现，可以说遥遥无期，连希望的门都紧紧关闭未开。

以文化状况而论，“这些年随处速成、随意自封的伪精英文化，以偏窄取代高度，以生涩冒充深刻，把无聊扮成风雅，把肉麻当做有趣，使中国人离真正的精英文化更远了。”（余秋雨《借我一生》）

这种不景气的文化状态属于“整个民族的人格文化还没有重新建立的时候”（余秋雨《借我一生》）。

尤其令人悲哀的地方，在于“理性精神和文化人格已经破碎，文化基础和文化坐标已经失落，有学问的老人也已经一个个去世”（余秋雨《借我一生》）。

这些唉声叹气的文字，同论者一贯张扬文化人格理想，到处树立人格榜样的慷慨激昂，有天壤之别。既然如此，如何从地上站立起来，飞身高天之上去实现美好的人格理想呢？论者未曾指出一条可行之路。

系统读余秋雨著作的读者会明白，他散见于各处的文化观点的内在逻辑联系是什么，有没有自相矛盾的地方，他往往顾不了那么多。明白了这一点，那些哀叹中国目前文化不景气的话背后的意思，也就不难琢磨出来了。原来，“记忆文学”回忆到了“文革”灾难，那么不从文化上往破碎不堪里讲，就不深刻、不动人。至于那些高昂的人格理想、人格榜样之类，那是在讲文化史的场合，不往上提扯嗓门，同样不深刻、不动人。等明白了这议论文化的学术心理契机，我们自然就把一切解释清楚了，同时也把论者看穿了。

我们认为论者关于实现人格理想的途径悬而未决，就是在一切解释清楚之后的冷静常态之下的一种思考和担忧。实事求是地讲，论者到目前为止还没有来得及就如何实现人格理想发表意见，故读者感到无门是自然而然的。

不过，话得说回来。既然上面用大量事实表明了论者心目中还没有形成关于中国文化人格和人格理想的一整套成熟的意见，那么就算他着手写如何实现人格理想的专题文章，同样也不能指望他可以提供什么可靠可信的答案。

笔者认为，既然孔子和庄子在人格理想上各有高见，而庄子又战胜了孔子，那么在人格理想的实现上，同样应当回到客观事实上面，在整合、比较两家的人格理想的过程中，应注意寻觅那落实理想的途径和方向。

例如孔子，他把上面所说的人格理想，称之为“五仪之事”。在同鲁哀公的问答中逐步展开论述了孔子的“五仪之事”的全部见解。最后，孔子带总结意味地说：“君既明此五者，又少留意于五仪之事，则于政治何有失矣!”我感到，“留意于五仪之事”这几个字，实质上就暗示了人格理想实现的基本途径。其要旨当是：不必另起炉灶去考虑实现人格理想的什么方案，而应在实际工作生活中留心形形色色的人物的表现，考察、识别他们各属于哪一类型人格，然后做相应的人格教育、培养、诱导工作即可。也许，这一办法特别适用于执掌人事大权的管理人员和从事教育工作的人们。至于一般人，自己选择人格理想去努力实践就是了。

什么是文化上的集体人格

在关于文化上的集体人格的“闪问”与“闪答”中，余秋雨讲了下面一段话：

> 在文化的定义中引入“集体人格”，已属于目前文化研究中的最高等级，估计多数研究人员也不清楚。我今天没有时间把这个艰深的学术课题展开讲，只能简单提一句，你们也就能大体明白了：中华文化的最后成果，不是别的，而是中国人的集体人格。（余秋雨《北大授课》）

论者“估计”对了，笔者就是对此“最高等级”的“艰深学术课题”没有弄“清楚”的读者之一。本文所谈，是一直萦绕在心头的三个疑点。

一　个体人格与集体人格是什么关系

笔者弄不清楚的第一个疑问，是文化上的个体人格与集体人格是什么关系。论者在尚未展开“集体人格”的“最高等级”的学术课题的论述之前，已经发表了一系列有关见解，它们彼此之间是什么样的内在逻辑联系本已构成疑问和悬念，而最为突出的一个基本问题，还是个体人格与集体人格的关系问题悬而未决。

论者的文化议论以情境性的感悟为一大特征。到什么时候说什么话，上什么山就唱什么歌，这就是情境性感悟的通常表现形式。如此一来，就免不了自相矛盾。以个体人格与集体人格的关系而论，余秋雨讲得最多的是个体人格，“光耀千古”、“人格典范”之类的颂歌，都以个体人格为对象。尤其在面对大学生、青年学者讲话的场合，个体人格的重要性都被强调得无以复加。请看两个例子：

例一，“如果有年轻学生问我如何重新推进中国文脉，我的回答是：首先领略两种伟大——古代的伟大和国际的伟大，然后重建自己的人格，创造未来。”（余秋雨《中国文脉》）

例二，“只有独立的人格，才有自由和思想。而一个人要唤醒并加固独立的人格，实在是一件很艰难的事。但是，这件事一定要做，否则，只能使平庸的文坛更加平庸，使杂乱的精神更加杂乱。”（余秋雨《问学余秋雨》）

这两个例子，都是论者面对青年一代讲话，大有语重心长、为人师表之势。不料，等把下一代打发走之后，到台湾面对广大市民作文化演讲的时候，上述极力强调个体文化人格的重要性讲话，如同全然遗忘一样，变为大讲集体人格如何重要了。他说：

> 我曾不止一次阐述过荣格的那个观点：一切文化都沉淀为人格，重要的不是个体人格而是集体人格……我在这里借用他的这个概念，并把这个概念缩小，说明一个城市的文化，也就是这个城市的集体人格。（余秋雨《何谓文化》）

如此前言不搭后语，读者当然不能明白到底哪一种人格重要了，广大读者中的多数，既不年轻，又不是台湾某市的市民，势必以局外人的身份质疑用两种调子讲话的真理性了。

通情达理的文化人、学者，在一般性质疑的基础上还会进一步追问：被论者分别强调过重要性的个体人格与集体人格，是什么样的理性逻辑关系呢？我还没有发现余秋雨的有关议论，似乎他还没有来得及就此发言表态，这也在情理之中，不应苛求。

可这里仍有遗留的疑问。须知，上述所谈集体人格的概念，被论者弄得相当复杂：既指中华文化的集体人格，又指有意“缩小”了的“城市集体人格”，还有《愧对山西》中山西人、山西商人的集体人格，《上海人》中的上

海市民的集体人格，更有《十万进士》中的“科举人格”，等等。如此一来，新的疑问又产生了：这类处于中间状态的亚集体人格，同处于两个极端的个体人格与大集体人格之间，又有怎样的学理联系呢？

论者对这些疑问不予理睬，只顾自说自话，实在把读者坑苦了，同时也大大妨碍着对论者的大量文章的理解与接受。上述“科举人格”，还有论者曾专门论及的“小人”们“玷污集体人格”的小人人格，在论者提出“正面的集体人格”（余秋雨《北大授课》）概念之后，就势必成为相对的负面人格，这在无形之间就带来又一个学术课题链：正负人格的形成过程、价值观念、对后世的影响、彼此消长……该探讨的东西实在多得很。到目前为止，我从论者的大量言论中还不能理清一个大致头绪。

二　“最后”论与“最终”论交织的疑团

在关于集体人格的上述引文中，明确指出了“中华文化的最后成果”，体现为“中国人的集体人格”。而在另外一个地方，论者又有一个提法：“文化的最终目标，是在人世间普及爱和善良。”（余秋雨《何谓文化》）为了行文方便，我把二者分别称之为“最后”论与“最终”论。笔者的第二大疑点，就在这两论之中。

首先是两论自身有使人困惑的地方。“最后”论的“最后”显然是时序、顺序上的称谓。若指时序，这“最后”是指的什么时候呢？从目前开始，到那“最后”还有多少时间？在尚未抵达“最后”时刻之前，中华文化是不是就无“集体人格”可言？若指学者研究工作展开的顺序，可理解为从易到难的“最后”工作程序吗？

为帮助大家排解疑惑，不妨抄录论者几段话，或许从中能发现一点释疑的线索。

这些文字一旦被书写，便进入一种集体人格程序，有风范，有

意态，有表情，又协和四方，对话众人。(余秋雨《中国文脉》)

这四则神话的主角，三个是女性，一个是男性。他们让世代感动的是躲藏在故事背后的人格。这种人格，已成为华夏文明的集体人格。(余秋雨《中国文脉》)

司马迁在《史记》中描写的那些著名人物，早已成为中国文化的“原型”，也就是一种精神模式和行为模式，衍生久远，最终组成中国人集体人格的重要部件。(余秋雨《中国文脉》)

中华文化，是靠中国人的集体人格传承下来的。这个问题在学术上很复杂，以后我会专门论述一次。(余秋雨《问学余秋雨》)

还可列举几例，暂且打住。我相信大家读到这些文字一定也在心里犯嘀咕：这些本应等待论者作“专门论述”之后才可能有的结论，为什么争先恐后跑出来亮相呢？它们的出现，带来了中华文化的哪些“最后”成果？我们一一追问，是否可以琢磨出论者的言外之意呢？

第一段话讲的无非是方块汉字在笔画顺序上的书写规则罢了。在小学的语文课堂上，人人都接受过这种规则的严格训练，似乎有集体人格的成分在里面潜藏。可再一想，事情未必如此。凡使用汉语言文字的人们，世世代代都这么一路写来，一写就是几千年，从未听说过其中有什么“集体人格程序”，却也丝毫不受影响。如今有论者的高论，恐怕不见得后人就能更顺利、更容易地掌握其书写规则。如此往前想，往后想，我的看法是：“集体人格程序”云云，不过是一张有诱惑力的标签罢了，贴不贴都不妨碍任何人对汉字的正确书写。

第二段话是对四个神话故事的解读，论者在文章中花了大篇幅，企图用以论证上文抄录的结论。非常有趣的是，在一一分析时，神话故事原有的主人公女娲、精卫、夸父、嫦娥被有意省略掉了，只提“补天”、“填海”、“追日”、“奔月”这四件事，而在具体行文中，又放弃了故事原文的读解，代之以抽象、联想、比喻、引申式的说辞，共两千字的解读让人觉得在似与不似之间，仿佛有深奥的“哲理”品味不尽。其实，这种情境性的文化感悟，是论者一贯的强项，在此处又一次得到了成功运用，颇有感染力。

不过，这精彩的抒情兼议论的文字，充其量可视作一篇独立的文化散文，若要当做是对“集体人格”的文化观的学理论证，相信无人会赞同。且不用多讲别的什么道理，单说在原始社会里，中华文化就以这四则神话的口耳相传创建了“集体人格”，那么日后的中华文化是不是就无事可做，该坐享清福了呢？或者说，中华文化早在神话传说阶段就提前完成了它“最后”的任务，以后再任凭发展、变化，也高明不了多少。

此例是不是论者的一厢情愿式的夸大其词？对于这个问题，我想听听广大读者的感觉和感想。

第三段话，即“集体人格的重要部件”之说，无疑是对司马迁的最高褒奖之辞，因为他身处汉朝，离当今已两千多年，离“最后”时刻还不知有多少年，故能提供“部件”已经很不错了。然而，把《史记》同上古时代的上述四个神话故事作比较，使人不免又产生了新疑虑。司马迁曾被论者尊奉为“精神的太阳”，但在中国人的集体人格建造之上，却仅仅提供了一些“部件”，而蒙昧时代的不知名的神话作者，竟能早早轻而易举地推出躲藏在故事背后的“华夏文明的集体人格”，这该多么不公平？是不是评比的标准出了差错？

第四段话，更让人吃惊。中华文化承传到今已有几千年的历史，还远远未到“最后”时刻，那被依“靠”的“中国人的集体人格”是何时何地出现的呢？从上面第二段话来推测，应当是不死的精卫、夸父、女娲、嫦娥们在一直默默干着这“承传”重活。可再一想完全不可能有这码事。文化，无论怎么充斥着无文字文化景观，但数量最大，文化含量最高的还是文字记载的各种文化现象。精卫们全是不识字的文盲，根本不具备承传文字文化的起码条件，可见中华文化不是他们代表的“中国人的集体人格”所“传承下来的”。

话又不得不说回来。论者的基本文化理念信仰，本来是荣格的“一切文化沉淀为人格”，而这段话里面，分明说的是存身于文化之外的“中国人的集体人格”来“传承”中国文化，这岂不等于又一次打着荣格的旗号来反对荣格吗？

就这样，无论我们作抽象逻辑推理与思考，还是用举例说明的方式来讲道理，都不仅不能消除心中的疑团，反倒使疑团像添加了发酵剂一样，越来越多，聚集成理不清头绪的一锅糨糊。

三 怎样研究集体人格

笔者的第三大疑点，是在看到论者的许多相关言论后却始终没弄清楚中国文化的集体人格的研究方法与途径是怎么一回事。这也难怪，既然中国文化的集体人格的根本问题没有弄明白，那么随之而来的研究方法、途径就不可能独自明白起来。这里所要讨论的，就是论者的几点相关议论。首先，论者的文化定义，就涉及怎样研究集体人格的方法问题。

> 文化是一种包含精神价值和生活方式的生态共同体。它通过积累和引导，创建集体人格。(余秋雨《何谓文化》)

在这个定义中，“引导”和“创建”的主体，不可能是文化自身，而只能是文化的创造者和传播者。如果是这样，那么集体人格只能存在于文化作品之中。可是，当研究者以这样的理解去从事系统解读历代文化作品的艰巨工作的时候，立即会碰到一个绕不开的巨型路障，它就是上述“中华文化，是靠中国人的集体人格传承下来的”这种说法。这定义中的“引导”和“创建”的主体与那传承文化的主体，处在面对面的地位，而其中有待“引导”和“创建”的集体人格是一个未知数，传承文化的集体人格却是先于文化、存身文化之外的既定存在，从而使研究者无可适从。再说，这既定的存在，只是从逻辑推理可知的抽象概念的存在，它到底指的是什么文化内涵，仍然是论者未加界定的未知数。于是，研究工作只能宣告无从着手。

其次，论者曾指出了一个研究集体人格的切入点：“如果要从集体人格上研究中国文化，我建议，可以先从‘君子’入手。”(余秋雨《北大授课》)当我如实抄录出这句话，并把它当作研究中国文化的集体人格的切入点，读者一定认为我误解了余秋雨的原意。是的，这句话的字面意思本来是指“研究中国文化”，“集体人格”只是“中国文化”的修饰语，并非中心词，而“君

子”则是从事这特定文化研究的切入点。

但是，请读者千万要注意，“君子”是什么？此处未讲出来，而在另外的地方，则明明白白指出过，“君子之道”是一种“人格模式”（余秋雨《何谓文化》）。因此，从“人格模式”入手研究“中国文化”，势必就是研究“沉淀”在“中国文化”中的集体人格。

这么一来，论者说来说去，只不过在几个抽象概念的循环论证中兜圈子，你想较真照办，只能是自讨苦吃。

假如你不信笔者所谈，硬要由“君子”入手展开研究工作，那么当你广泛收集论者的“君子”论的材料之后，一定会后悔不已。为什么？论者本人就深感自己在“君子之道”上犯糊涂，他叫你由此切入，会有好结果吗？

为了张扬“佛教”进入中国文化所表现的“特殊魅力”，论者不惜拿中国文化的不足与之对比，情境性的一大段感悟照例出现：

> 相比之下，中华传统文化大都处于一种“写意状态”：有主张，少边界；有感召，少筛选；有劝导，少禁忌；有观念，少方法；有目标，少路阶。这种状态，看似方便进入，却让人觉得不踏实，容易退身几步，敬而远之。
>
> 最典型的例子，是儒家所追求的“君子”这个概念。追求了两千多年，讲述了两千多年，但是，到底什么叫君子？怎么才算不是？区分君子和非君子的标准何在？一个普通人要通过什么样的训练程序才能成为君子？却谁也说不清楚，或者越说越说不清楚。因此，君子成了一种没有边界和底线的存在，一团飘浮的云气，一种空泛的企盼。（余秋雨《中国文脉》）

抄录完这段话，我实在忍不住要问余秋雨：既然“君子之道”如此虚无缥缈，不可把握，那么你“建议”青年人由此入手从事中国文化研究，岂不等于故意坑害下一代吗？

当然，事态没有这么严重，只不过余秋雨在这里又犯了自相矛盾的习惯性老毛病。为了强调佛教的重要，不免要讲中国文化、儒家君子之道的坏话，这样一来就无形之间取消了先前赞颂二者的好话。既然好话与坏话互相打架，别人就很难按照论者的“建议”去研究学问了。

再次，“最后”论自身问题更多，拟专文讨论，这里不多谈。

最后，叫人摸不着头脑的是把论者的“最终”论与“最后”论放在一起，就不知怎么办了。仅从字面来看，“最终”与“最后”仅一字之差，而语义并无大的区别，可视作同义词。令人不解的是，用同义的词表述出两种不同的学问：“最后”论要人去研究“集体人格”，而“最终”论却要人去“普及爱和善良”，同一学者没有分身术，分别去完成这两个任务，若想一身而二任，就在意识上糊涂了：这两件任务的时间、时序要求如何区分与满足呢？我认为是找不出答案的。恐怕世上只有论者能化解这难题。

总之，“集体人格”云云，在论者那里是一团理不出头绪的乱麻。

俗话说：快刀斩乱麻。我从《淮南子·俶真》中找来一把足以斩乱麻的快刀。它不是钢铁意义上的快刀，而是文化意义上一位巨人塑像，它提供了剖析中国文化集体人格的理智快刀，还显现了一种集体人格的基本造型。这位巨人——

> 以道为竿，以德为纶，礼乐为钩，仁义为饵，投之于江，浮之于海，万物纷纷，孰非其有？

由此可以窥见，研究中国文化的集体人格的大方向，在于整合众多学科的价值与智慧，以驾驭万事万物。在这种文化整合工作过程中，集体人格才有可能塑造出来。《淮南子》中的这位文化巨人，把儒家的德、礼、乐、仁、义等礼法、音乐、道德之类的意识形态集于一身，以征服自然的姿态出现，充满了胜利的信心，不失为中国人的集体人格的第一个样板。万分遗憾的是，对文化人格、中国文化集体人格念念不忘的余秋雨，对这明摆着的集体人格样板未置一词。

法律与美是什么关系

余秋雨曾说过，他研习黑格尔美学多年。果然，在他的一系列论著中一有机会就会谈到黑格尔和他的《美学》。例如 1985 年出版的《戏剧审美心理学》（现改名为《观众心理美学》，由现代出版社于 2012 年 4 月出版——引者），开卷就提到了黑格尔的美的定义："美是绝对理念的感性形式。"记得其原话是："美是理念的感性显现。"论者的用意，在于由这定义出发，反对将其绝对化，把什么样的美都千篇一律地用这个定义去限定。这个看法是不错的，他紧接着列举了大量美的对象，用以证明自己的论点，也令人信服。不过，有一点失误是应当指出来的。黑格尔《美学》高度关注法律，仅法律名词术语就用了三百多个，足见其美学见解与法律之间存在多方面的内在联系。

首要一点，"美是理念的感性显现"的定义，用在涉法文学作品的美学研究上，绝无疑义。涉法文学思想内容的美，就是法律理念在各种体裁形式的文学作品中的感性显现，或者说法律理念的形象化表现。此外，《美学》还以大量戏剧作品谈论法律与悲剧的联系。余秋雨闭口不提这一切，意味着他跟历来研究黑格尔《美学》的学者们一样，在以纯美学眼光发言，这就是极大地误解了他们的研究对象。现在是纠正误读黑格尔《美学》的时候了。

本文先谈法律与文学中的美。余秋雨对卡夫卡的作品颇为欣赏，曾在"伟大作品的隐秘结构"的语境中分析过卡夫卡的《变形记》、《城堡》、《审判》等小说。论者把卡夫卡誉为"运用寓言象征的大师"，因而这些小说也就寓有"象征意义"。可这"象征意义"何在，论者语焉不详。如谈《城堡》，论者在概述故事情节后指出："在这里，城堡有着丰富的象征意义，K 也有丰富的象征意义，两者都具有符号性质，而两者的组合则构成了寓言。"（余秋雨《伟大作品的隐秘结构》）本来卡夫卡的作品就难读懂，论者的这种不知所云的空话，不仅没有贴近作品，反倒拉开了同读者的距离。

若引进法律，引进黑格尔的美学定义及以这些分析涉法作品的方法，卡夫卡小说的法律理念之美就会顺利进入读者的意识之中。卡夫卡所属的犹太民族没有自己的祖国，流散世界各地，历来受歧视，受迫害。卡夫卡受过法律专业训练，获博士学位。后来他成为一位法庭工作人员，对奥匈帝国法律实施的实践方面有目闻目睹的感性经验。就是这样的特殊人生，经历，使卡夫卡对法律形成了不同凡响的理念："我们的法律从来是一小撮贵族的秘密"(《谈谈法律问题》)。《变形记》、《城堡》、《审判》这三部小说的精神实质，都在以荒诞的故事显现这种法律秘密，因而具备了美的品质。

以具体形象分析，这"法律秘密"又各有特色，互不重复。也就是说，它们各有彼此区分开来的法律理念之美。西方世界，从古希腊到古罗马，再到法国，一直有把人当做人对待的民法，在法典中以"人"命名这些法律规范，彰显着对个体公民的人格尊严的重视。较之中国的礼刑并用、缺乏民法精神的法律，必须承认西方先进得多。可贵的在于，卡夫卡从实际生活中见到的东西，与立法事实与法学上的学理解释不相同，即"人"变成了"虫"。这就是《变形记》的法律理念。唯有在作为艺术的文学中，才有这种法律理念的形象化表现，故美不胜收，能叫读者心智为之大开。主人公格里高尔变成大甲虫，若能得到周围人们的同情、理解，尚可使读者得到一点安慰。叫人绝望的是，格里高尔所在的公司的同行们，他家里的亲人们，谁都讨厌这只"虫"。最后，他只有在绝望中孤独地死去。他的家人乔迁新居，把他忘得一干二净。《变形记》宣泄了标榜"人"的相关法律一旦落空之后的人生悲哀，故怪诞故事背后潜藏着庄严的法律期盼。表层的法律批判与深层的法律期盼的水乳交融，使这法律理念之美醒目而含蓄，诙谐而庄严。

《城堡》的法律理念，在于人的法定身份不能确认的荒唐。K 是一个代号，真实姓名是个未知数。他的职业是城堡里的土地测量员，却没有所居住的村子里的户口。要办户口就得进城堡，K 面对近在眼前的城堡走呀走，就是走不进去。而城堡里的官员，只跟卷宗材料打交道，对活生生的人不感兴

趣。就这样，K 始终没有户口，是法律所不承认的人。因为这一点，K 比《变形记》中的格里高尔的法律地位强不了多少——虽有人的外形，却无人的法定身份。在法制社会中，无合法身份意味着人的徒有其名，随时有受法律追究、治罪的危险。往深层联想，K 终生努力依然未取得合法的身份，确有象征意味：象征着犹太民族无祖国的国际地位的永久性尴尬，寄托着国际社会以国际法来解决这个难题的希望。这种不见于任何法律论著的法理法意，同样是美的，唯有文学才是它生长的沃土。

《审判》有的译本题名为《诉讼》，主人公 K 是银行职员，而不是经理。小说中有一则《法律的守门人》的小故事，可认为是对整部小说法律理念的一种浓缩性的提示。一个农民，想进门打官司，守门人死活不许他进去，这农民只好在门外无休止地等待进门机会。依法办事可望而不可即，这是这小故事的法律理念。整部《审判》也以此为法理追求。K 明明无罪，可在三十岁生日那天被两名警察逮捕，这就是被认为有罪。但被捕后依然可自由行动，上班，恋爱都无妨碍。K 坚持认为自己无罪，就四处奔走，想洗清被认有罪之事，却又达不到目的。他去找律师写起诉书告状，律师说：法院是藏污纳垢的地方，黑暗得很。K 不知怎么办才好，这时来了两个黑衣人，把 K 带到荒弃的采石场处死。用法律术语讲，K 的全部活动、处境、无奈、困惑及最后结局，都紧紧围绕一个法律问题的核心——罪与非罪的界限长期被混淆与颠倒，错杀无辜并秘而不宣便是其症结。较之《变形记》、《城堡》，《审判》的法律理念趋于明朗、集中，法律思考与批判的倾向性被读者认同的效果显得突出。

在评论《审判》时，余秋雨实在绕不过这“法律之石”，不得不运用了法律概念，可所说未能到位，并夹杂着不知云的成分。他说到小说的结尾时指出：“官吏把银行经理处死了，实际上是同一个人的这一半处死了那一半。这次处死，还象征着法律既可能公正，又无法公正的悖论。”（余秋雨《伟大作品的隐秘结构》）细读小说，完全看不到“法律可能公正”的影子，故“悖论”云云不存在。再说，“同一个人的这一半处死了那一半”仿佛是魔术师的变幻术，用在《审判》的评论上不相干。

卡夫卡的这几部小说用的是现代派手法，上述法律理念之美的分析与结论，并不意味着这种美只存在于现代派作品之中，只能说创作方法对法律理念的美的表现有着一定的影响。现实主义的巴尔扎克、托尔斯泰、契诃夫等作家的小说，同样有着法理之美，只不过不像卡夫卡那种雾里看花的朦胧，而是水中望月一般清晰。这样说来，余秋雨对此是不屑一顾的，因为他的主张是：

伟大的艺术作品，没有清晰的主题思想，也没有简明的结论。

（余秋雨《伟大作品的隐秘结构》）。

这种理论主张已诞生二十多年，随着其母体《艺术创造工程》在海峡两岸的反复再版六七次之多，似乎已成定论。但如果用艺术实践本身去检验，而不是用该书拥有读者的数量去证实，那么这主张就不见得坚如磐石，不可动摇了。

论者的一个有力论据是《红楼梦》。在列举了几个他自以为说不清的人物、情节之后，得出了与根本主张一致的结论："正是在这种没完没了的无解中，《红楼梦》问鼎了伟大。"（余秋雨《伟大作品的隐秘结构》）笔者认为，《红楼梦》的确伟大，但不是伟大在"无解"、"说不清"，而是伟大在思想内容丰富无比，任凭你如何条分缕析去解读、去概括，总有顾此失彼的遗憾。这是一个方面。另一个方面，《红楼梦》是中国文学史上形象、生动地显现法律理念之美的经典之作，历代纯文学家，还有余秋雨，都未能就此发表只语片言，而误读误解的倒是无计其数。笔者的《法说红楼梦》以近九十篇系列短文较详尽而系统地梳理了其法律理念。它们分为这样三个组成部分：红楼人物法律地位述评；红楼案件法律分析；红楼法理问题讨论。综合这几部分，笔者认为：思考和批判封建法律是《红楼梦》的深层主题思想。

说到这里，可以补充说，《红楼梦》的法律理念之美，就在于用一个大家庭内外的日常生活场景把一般法盲的文化人视而不见的法律主题表达得自然，丰满，清晰，深刻。任你读遍古今中外的法学论著，也读不到这种法理法意，同时又不与任何涉法作品的主题撞车。

最后，还应指出，在各种文学论著无暇顾及的中外微型小说海洋中，同样存在着具有法律理念之美的奇花异草、仙山神岛。笔者甚至萌生了写《微

型小说中的法理世界》这本书的念头。现举一个实例以飨读者。元好问的《续夷坚志》中有一篇两百字左右的小说《戴十妻梁氏》，讲的是一件人命案的始末：戴十以打工为业，一天有通事在主人家的豆田中放马，戴十就企图把他赶走。通事一怒之下用马鞭将戴十打死。妻子梁氏抬尸到衙门告状。这通事是权贵人家的走狗，主人对他有所依靠，就用牛两头、银子一锭来私了官司，被梁氏拒绝。众人说："你想叫凶手偿命吗?"梁氏表示愿亲手打死通事。于是，大家杀了通事。梁氏喝了死者之血，这才离开现场。

故事中一件人命案没有了结，又引发了新的命案。两起命案套在一起，法理法意并非一句话可以讲清楚。至少有这样几点思路：一是通事杀人的直接原因，是仗势欺人，把打死一个苦力不当一回事；二是私了官司的风气，有违法律；三是法律在惩治凶手之前，众人将其打死，有人认为是"罪有应得"，这属于误读，应当认做是一起新的命案发生，行凶者理应吃官司；四是梁氏达到报仇目的后，饮仇者之血的举动并非文明行为，不可肯定；五是综合这几点可见元代社会关于"杀人者死"的基本刑法精神形同虚设，一点也没有落实到百姓行动之中。两百字的小故事能装进这么多法律理念，其艺术之美，还能忍心加以怀疑吗？这些法律理念都能说清楚，是不是就失去了作为优秀作品的可能呢？——以"伟大"论微型小说，似乎不妥当，我只求人们认为它是优秀小说就心安了。

综合以上各作品法律理念之美的实例，可把文学的法律理念之美概括出若干基本特征：一是形象的暗示性；二是有别于法学论著的独创性；三是对法律弊病的批判性；四是不雷同不重复的个别性。就凭借这几个共同的审美特征，全球涉法文学既能给广大读者带来特殊的美的愉悦和享受，同时又潜藏着启人心智门扉的别样的法律智慧天地，二者构成了永远说不完的话题。

目前，全世界大多数的文学研究者都还在这迷人的法律智慧天地之外。文学中的法律理念之美在呼唤：迈开探索的步伐，大步前行。千万不要再观望、犹豫了。

法律与悲剧是什么关系

不客气地说，余秋雨的《观众心理美学》有点徒有虚名。且不多讲别的，单讲该书对《窦娥冤》和《赵氏孤儿》这两部古典悲剧的分析，就完全把观众心理晾在一边，极力推销斯坦尼斯拉夫斯基和他的学生瓦赫坦戈夫的所谓“舞台力度”的理论，宣称：“舞台力度像物理学上本义的‘力’一样，能够找到它的作用点，它的方向，以及它的强度。这些，正是我们称它为‘力’的根据。”（余秋雨《观众心理美学》）余秋雨在用了几千字介绍这种理论之后，又来评论上述两大悲剧。关于前者，其评论如下：

> 《窦娥冤》的力度人所共知。这出戏的力学结构，是狂暴的外力对于一种柔弱之力的反复威压。柔弱之力没有处于主动地位，没有采取积极行动，但是，当狂暴之力的威压一次次降临时，柔弱变成了柔韧，显示了撞击的力量，并在撞击中迸发出悲剧美的火花。倘若柔弱之力在第一次撞击中就被粉碎，或者反过来，柔弱之力由于某种特殊因素竟一下子化弱为强，压过了强暴之力，那么，这出戏的力度就远远不逮了。（余秋雨《观众心理美学》）

这段话，除了“窦娥冤”三个字可勉强称之为“人所共知”之外，其余一大段文字，真不知在说什么。我们可以做一个试验：抹去这三个字，让所有不知其出处的文化人来辨认这段评论，说出它到底在评论中国哪一部古典悲剧，可断言没有一个人能回答出来。

不着边际以至于此，还侈谈什么“观众心理美学”！再说，以此作为《窦娥冤》的悲剧性评论，也谈不上是什么“美学”、“悲剧”。由此，本文在无奈之下不能不引进法律，来谈法律与悲剧的关系，所论实例，主要是《窦娥冤》

和《赵氏孤儿》以及其他中外悲剧作品。

一　法律与悲剧的关系网络

“悲剧是把有价值的东西毁灭了给人看。”鲁迅的悲剧论，一语中的，我历来推崇不已。今天仍要用来作发言的依据。古往今来的悲剧告诉我们，悲剧之所以成为悲剧，关键就在于法律每每充当了毁灭那有价值的东西的力量。由于悲剧内部结构的不同，法律的毁灭力量的来源、性质、力度、力量构成等方面也不断变化。《窦娥冤》的特色在于，它是从众多层面显示毁灭力量的集合体类型，可称之为“法律与悲剧的关系网络”。如果不一一解开法律网结之所在，就弄不明白其悲剧的复杂成因。

剧中有价值的东西，一是窦娥的二十岁的青春生命，二是在危难中挺身救公婆的美好情操。将二者一并毁灭的力量，是怎样由法律散发出来的呢？细读剧本，可发现散发渠道达八条之多。

一是穷秀才窦天章向高利贷者蔡婆婆借了二十两银子，连本带利得还四十两，这种高利息放贷是违法的，由于未能及时依法解决此种债权关系，故酿成了诱发窦娥悲剧命运的首开纪录的法律毁灭力量之一。

二是窦天章妻子去世，又要赴京赶考，只得将七岁的女儿端云送给蔡婆婆抵债，名义是当童养媳。从此，端云改名为窦娥，十七岁时与蔡氏儿子结婚。这里，抵债之事非法，而以婚嫁论之，又变为合法。元代法律有两条相关法律：元代户婚律指出：“诸以女子典雇于人，及典雇人之子女者，并禁止之。”紧接着，又有如下规定：“若已典雇，愿以婚嫁之礼为妻妾者，听。”就这样，窦娥命运悲剧的毁灭力源，就有了第二条法律渠道。

三是丈夫婚后两年就死于肺痨，这是人生不幸，但不具备美学意义中的悲剧意义。真正具备悲剧意义的情节，是作为寡妇的窦娥，依法可以改嫁，也可以留在婆家“守节”，无家可归的窦娥只得选择“守节”。不料，合法并受法律鼓励的“守节”，日后变成了毁灭力量的第三条渠道。

四是在窦娥二十岁的这一年，赛卢医为赖二十两银子的债务，企图在郊外勒死债主蔡婆婆，被恶棍张驴儿父子俩冲散而未遂。这起杀人未遂的案件，本可诉诸法律，但张氏父子以功臣自居，不仅私了官司，而且乘机住进窦娥家中，父子俩企图分别霸占婆媳俩。这种逼婚行为以及私闯民宅的行为，都为法律所不容。于是，刑法的接二连三落空是造成主人公的悲剧命运的又一力量。

五是张驴儿从赛卢医那里弄来毒药，企图毒死蔡婆婆，以便尽快与窦娥成婚，不料被毒死的是张父。若能依法惩治买卖毒药的双方，这起命案不失为窦娥命运的逆转点。可惜，歹徒继续作恶，第五种由法律落空而来的毁灭力量又散发出来。

六是张驴儿恶人先告状，诬告毒死人的凶手是蔡婆婆。假若此案由清官审理，就有真相大白的希望，但受理此案的太守桃杌受贿后将无辜的蔡婆婆逮捕。于是，又一股由法律渠道散发的破坏力量出现了。

七是在公堂上桃杌下令严刑拷打蔡氏，窦娥不忍心，就挺身而出救公婆，自己承担了杀人罪责。第七股毁灭力量就这样由公堂这人人可见的渠道迸发开来。

八是就算窦娥是真凶，以上复杂法律事件和法律案件的交集一身，也可找到从轻发落的多种理由，不至于简单论死。然而黑暗公堂无法理可讲，这是导致窦娥悲剧命运的又一邪恶毁灭力量。

关汉卿不愧是戏剧大师，把八股法律力量交汇在一起，形成了悲剧人物的坎坷多舛的命运；又酷似一张无形的大网在徐徐降落中逐步张开，又逐步收缩，将主人公罩在其中无法解脱而死于错杀。

《窦娥冤》是法律与悲剧的网络关系的代表之作、典范之作。这种关系网络的法理内涵在于对法律弊端的全面抨击。

二　权力滥用破坏法律所产生的悲剧

法律与悲剧的关系的另一表现，是权力滥用破坏法律，从而造成人物的悲剧命运。它比上述网络关系显得较单纯。

余秋雨在北大给学生讲课时，谈到《史记》所写的《赵氏孤儿》的故事，他发表的意见是：

> 司马迁的笔写到这段故事，居然悲得那么豪迈而纯粹。作为史学家，他不得不写出一个个具体的人和官职，而作为一个文学家，他关注的是一批生命前赴后继的力度和造型。真正的文学不在乎具体的历史依据，只在乎承受这种力度的造型。这种力度和造型是超时空的。(余秋雨《问学余秋雨》)

这段话实在不敢恭维。充其量只能当做一般文学欣赏者的读后感，没有任何关于悲剧的实质性见解。这里的失败在于所谈与作品实际完全不沾边了。

若从《赵世家》所载故事文本的实际出发，那么关于该悲剧的实质性的东西就会脱颖而出。赵氏家族几代人都是晋国的朝臣，历经晋献公、晋文公、晋襄公、晋灵公、晋成公、晋景公等国君。不料，半路杀出个程咬金，此人就是屠岸贾，他在晋灵公时开始得宠，到晋景公时当了司寇，掌管法律事务。出于妒忌，屠岸贾早就想伺机整治赵氏。赵朔是赵氏家族的第六代传人，是晋景公的军事将领，娶晋成公的姐姐为夫人。屠岸贾的阴谋陷害活动终于爆发：

他不请示景公，擅自做主，在下宫发动军事进攻，杀害了赵朔、赵同、赵括、赵齐婴等人，并株连他们的家族，满门抄斩。不久，赵朔妻生下一个男婴，并对他抱有复仇的期望。屠岸贾闻讯在宫中搜查，孤儿侥幸脱险。后来，赵朔的门客公孙杵臼和朋友程婴共同商量对策，找另外一个男孩，由公孙杵臼抱着藏在山中，再由程婴出面揭发公孙杵臼胆敢匿藏赵氏孤儿。于是，屠岸贾一伙人杀了公孙杵臼和那个假冒孤儿的孩子。真正的赵氏孤儿由程婴抚养成人。景公召见已成大人的赵武，屠岸贾的劣迹终于败露，受到了被杀灭族的处罚。为回报当年公孙杵臼的义举和殉节，程婴在皆大欢喜之时自杀身亡。

我为什么要比较详细地叙说故事情节，就是因此悲剧的法律实质尽在曲折有致的故事脉络之中，失去任何一个细节部位，都将使理论阐释受损。总的说来，屠岸贾利用窃取的掌管法律的大权，目无国君，擅自做主，以法律的名义为非作歹，形成了这一作品的悲剧中毁灭生命、良知、正义等有价值的东西的邪恶力量。若分析故事中的悲剧结构，则有三个级别的悲剧依次呈现。较低级别的悲剧，是以赵朔为代表的赵氏家族的清白无辜而被杀害的悲剧。死刑犯被处死，是罪有应得，一般不能够形成悲剧。唯有根本无罪之人被用法律的名义处以死刑，才可称之为悲剧。但这种悲剧级别较低，只不过死得冤屈罢了，缺乏鼓舞人心的悲剧感染力。

处于较高级别的悲剧，是公孙杵臼和假冒赵氏孤儿的小婴孩的被杀害。公孙杵臼只是赵朔的门客，并非屠岸贾所要加害的对象。为了替赵氏无数冤屈而死的人们讨还血债，公孙杵臼积极主动地参加了救孤儿行动，以假乱真，由程婴出面揭发公孙杵臼与孤儿逃匿山中的细节，把公孙杵臼置于风口浪尖，说白了就是不得已而主动送死。有了此举，真正的赵氏遗孤才有了得以存活的机会。公孙杵臼之死，不仅仅是无辜受害，更是在正义感的支配下视死如归。故此公之死有较大悲剧感染力。那小婴孩，虽年幼无辜，但在伴随悲剧英雄中也献出了生命，仍可视作悲剧人物。他是世界上年纪最小的悲剧人物。

处于最高级别的悲剧，是程婴的自刎而死。在这里，上述两重悲剧共有的毁灭力量，随着屠岸贾的被处死，已不复存在。也就是说，他辛辛苦苦地救孤养孤以日后报仇雪恨的目的已经达到。那么，在本该欢庆胜利之时他为什么要选择自尽呢？原来，当初公孙杵臼与程婴密谋救孤时，二人有一番对话，谈到了如何死的问题：

公孙杵臼问：“立孤与死孰难？”

程婴说：“死易，立孤难耳。”

公孙杵臼说：“赵氏先人对你厚道，你就负重去做难事吧，我去

做容易的事情，请允许我先死。”

就这样，他们二人分工合作，最终完成了复仇大业。由此可知，最后程婴之死，早在当初的预料之中，然而又不是非死不可的。程婴选择死亡，为的是忠于友谊，承担由道义而来的生命风险。在他看来，在化险为夷后，忘记舍身救孤的朋友而自己一人继续活着，就完全丧失了应有的人格。如果说一般人自尽纯属轻生，不构成悲剧，那么程婴因包含有沉甸甸的人生价值追求，而具有感人的悲剧色彩。加之屠岸贾的滥用权力破坏法律而形成的毁灭力量的诱因作用，这一悲剧便升格为最高级别的悲剧了。程婴之死崇高、庄严，比以上两个级别的悲剧的震撼力量更大一些。

三　国家法律与家庭道德矛盾所产生的悲剧

法律与悲剧的又一种内在联系，也是纯美学家从不谈论、无从谈论的，这就是国家法律与家庭道德之间的矛盾冲突关系。这种矛盾比较普遍，是悲剧的常见成因之一。可以古希腊的悲剧《安提戈涅》为例。

黑格尔的《美学》前后三次谈到古希腊的悲剧《安提戈涅》。余秋雨自称研习黑氏《美学》多年，认为“《安提戈涅》是黑格尔最满意的一出悲剧”，然而在分析其悲剧实质时，并未完全遵从黑格尔的原意。我记得有一次黑格尔把该悲剧归结为法律与道德冲突的根源。余秋雨的评论却是：“古希腊的《安提戈涅》写了国家伦理和血缘伦理之间各执理由的冲突，国家伦理的代表是国王克瑞翁，血缘伦理的代表是姑娘安提戈涅。国王宣布一位已死的青年犯有叛国罪，不准下葬；姑娘是这位青年的妹妹，又恰恰是国王未过门的儿媳妇，她当然要为哥哥下葬，于是产生了一系列的悲剧。悲剧到最后，不仅这位姑娘在监禁中自尽，而且国王的儿子因痛失未婚妻而自尽，国王的妻子因痛失爱子而自尽。”（余秋雨《霜冷长河》）

很显然，国家伦理具体表现为法律，“叛国罪”的罪名就是有力证据，而家庭伦理具体表现道德，妹妹关心哥哥的后事就是道德行为。因此，黑格尔《美学》把该悲剧的悲剧冲突概括为法律与道德矛盾，是很到位的。余秋雨因没有运用“法律”与“道德”两个非用不可的概念，就与该有的正确结论失之交臂了。

《史记》所载石奢的故事也是一个悲剧，其悲剧冲突同样可归结为法律与道德的矛盾。故事说：石奢是楚昭王的助手。一天他去执行公务，在路上发现一个杀人犯，就紧追不舍，结果发现杀人者就是自己的父亲。石奢放掉父亲，却把自己捆起来，并派人捎话给楚昭王：“杀人犯是我的父亲。若抓父亲来显示政绩，是不孝；若破坏法律释放罪犯，是不忠。我罪该死。”楚昭王闻讯后，表示谅解，并希望他继续从政。石奢重申自己的观点说：“不爱自己的父亲，不是孝子；不遵国主的法律，不是忠臣。王赦我罪，是上级的恩惠；伏法而死，是我的职守。”于是，石奢自杀身亡。

石奢的文化人格是崇高的，但到头来却生命不保。是什么力量迫使他自尽呢？就是对法律的忠与对父亲的孝不能并存，这种矛盾激烈得让当事人内心波涛汹涌，只得以死来开脱。悲剧的诞生，使石奢崇高的文化人格抵达和凝固在令人景仰的无形高台之上。法律与道德的矛盾在这里对石氏的生命是不可回避的毁灭力量，而高尚人格却在生命的结束中得以彰显。

四 法律人的职业道德与执法过错的矛盾

法律与悲剧的关系，还有一种类型，就是法律人良好的职业道德与执法工作产生的技术性过错，有可能形成难以缓解的矛盾，此时，也容易导致毁灭力量的出现。

《史记·循吏列传》所载李离的故事，就属于这一类悲剧。

李离是晋文公的法官。由于审案有过失，造成当事人刑罚偏重而处死，他自以为有罪，应当为死者偿命。文公解释说：“官有大小，罚有轻重。下属

有过错，不是你犯有罪行。”李离说：“我身为长官，不曾把高位让给下级；受禄比他们多，也不曾把好处分给他们。如今案子出错，把责任推给下级，我不曾听说这种事。”文公说：“你自以为有罪，那么我也有罪吗?”李离说：“讲理有法律作依据，在刑罚上失误者，该负相应刑责；在处死刑上失误者，该负死刑之责。你认为我有能力审查判决疑难的种种案件，故命我当了法官。如今失误杀人，罪该死。”于是，李离不接受文公劝告而自杀了。

这则故事的悲剧与法律的联系何在？答曰，这一悲剧是由于法律人的职业道德与执法过错不可调和的对立造成的。而细观其执法过错方面，属于国家大法官李离从严从难要求自己。须知，李离是掌管全国法律诉讼的大法官，只负责重大案件的最后审核，并不对任何个别案件的全部审理过程负责。这样，错杀的严重后果本该由该案件的一审、二审法官来承担，李离基本上没有罪责可言。依周代官制，政府官员分为朝廷官和地方官两大类。以司法部门而言，朝廷主管官为大士（夏朝称之为士，又称作大理），而相对应的地方长官称之为准夫。准夫以下还有地位更低的执法人员。由此可见，这错杀的案件的出笼，高高在上的李离并无直接责任，只不过在最后复核程序上有疏漏之处。再说，误杀的发现，一定是在新的确证出现之后。也就是说，李离当时根本不可能复核出呈报上来的案卷材料中的疑问。难能可贵的是，错案一经发现，李离主动把全部罪责揽在自己一个人身上，丝毫不去追究任何一位下级法官。这样一来，对法律无限忠诚的职业道德同枉杀无辜或轻罪之人的执法错误处于不可调和的状态。李离选择自杀方式解决问题的悲剧之源，就是这么形成的。就这样，本故事从一个新的层面显示出法律与悲剧的内在联系。

法律与喜剧是什么关系

在上文谈过法律与悲剧的内在联系之后，本文要谈的是法律与喜剧的内在联系。其写作动机，在于企图纠正余秋雨对一部外国电影的误解的强烈冲动。因为，这误解已到了很难容忍的程度。

余秋雨在讲艺术创造活动的理论问题时，有这样的观点："有的作品，让我们品尝了人生中更为常见的一种况味——世态炎凉、人情冷暖。"所列举的例证作品是一部外国电影，论者较详细地介绍了影片的故事情节，这里压缩为几句话：作为电视台播音员的妻子开车撞死一位老妇，其音乐家丈夫主动承担罪责，被判到流放地服刑。音乐家在落难过程中得到一名女服务员的关爱，后来她冒充"夫人"来访。两人会见误了规定的期限，等双双跑到服刑地的时候，误以为音乐家会逃跑的警察们见到两人跑得筋疲力尽，却拉起了随身携带的手风琴。于是，警察们笑了起来。为了强调论者认定的"世态炎凉，人情冷暖"的"况味"，文章以黑体字指出：

> 这个作品，没有像某些不失深刻的作品那样评判社会等级的差异、揭露法律的不公，也没有包含对其他社会问题的研究和探讨，更没有让音乐家作什么沉痛忏悔。对于前夫人，作品有所否定，但也没有流连于此。艺术家根本没有给这个不知感恩的风雅女人以更多的篇幅，完全不去表现她在丈夫入狱后的生活和考虑。因此，这个作品也没有注意于道德评判。（余秋雨《伟大作品的隐秘结构》）

本文认为，这部电影并非表现什么抽象的人生"况味"和"世态炎凉"，而是用生动的故事表明了法律与喜剧的内在联系的一种类型。

鲁迅的喜剧观，也为笔者所认同。他说："喜剧是将无价值的东西撕破了

给人看。”对于涉及法律的喜剧而言，法律的城堡里就蕴藏着这“撕破”的力量。上述电影即是如此。那位音乐家丈夫替妻子顶罪的行为，若为警方所识破，当以包庇犯论处，而未能识破，则只能以交通肇事罪论处。无论属于哪一种情况，都构成犯罪，故这行为是没有价值的，或只有负面价值。电影的喜剧内涵，在于撕破音乐家丈夫的无价值的顶罪行为，使观众从中感到喜剧才具备的滑稽与轻松。这“撕破”的力量之源，在于该行为对刑法打击犯罪功能的挑战和自讨苦吃。

对于中国观众来说，笔者的见解不容易得到广泛认可。因为，音乐家丈夫顶罪的目的是因爱妻子而自愿为她开脱，在道德层面上风范可贵，值得歌颂。法律处罚如此有道德的人，岂不是太不公平了吗？依照上文所讲的法律与悲剧的关系的理论见解，这部电影也应视为悲剧：它将丈夫的美德视为犯罪，就是把有价值的东西毁灭了给人看。事实上，中国自古以来歌颂顶罪行为的作品不在少数，下文将会读到几个实例。

这里我们要强调的是，在西方法治国家，倾向于把顶罪行为视为犯罪，没有谁会为其唱赞歌。于是，该电影就以柔和情感之力，缓慢撕破这挑战刑法的无价值的东西。

以表现手法而论，这电影的喜剧既没有讽刺，也没有荒诞，同时也不见胡闹，而是抒情的喜剧。你看那音乐家，他顶罪过程中的情感曲线推进得多么有节奏，多么细致入微。最初，他意识到自己替妻子承担撞死人的罪责，警方难以识破，自己受法律惩处必成定局，于是在警方逮捕前逃跑，去同年迈的父亲告别，孝敬长辈的情感在开始牢狱生活前夕迸发，格外感人。就在父子情的丝缕喷吐缝隙中，同时交织了音乐家从平时高贵地位跌落到世俗人群中的惆怅、奔波、清苦之类的情感体验。混迹于人群，无非是害怕警方抓捕。蜷曲于车站，无非是环境不容允住旅馆。吃喝潦倒，无非是勉强止住饥渴而生存罢了。就这样，一系列自讨苦吃的镜头，抒发的就是挑战法律带来的消极情感。

情感是有两极性的。消极情感发泄完毕过后，逐步舒缓转向了积极的另一端。你看，有一位在车站食堂工作的女服务员出现了，她极力帮助他，使他转而体验到了温暖与安慰。

两极性的情感抒发先告一段落，又适时插进了懊恼、悔恨、怪异的情感片段。这表现在那播音员妻子在电视台播音的画面，通过车站的公用电视屏幕出现在音乐家眼前。她一如平日那样安详讲话，仿佛根本没有发生自己犯罪、丈夫顶罪而落难的事实。此情此景，连局外人的观众都心潮起伏，何况音乐家呢！用百感交集形容他，应是合适的。

电影抒情的高潮，出现在对音乐家判罪之后。到达服刑地好久了，一天有人以“夫人”名义来探望。此时，音乐家心目中的夫人，已悄悄转换了角色，不再是电视台播音员，而是车站服务员。这移情别恋，并非一般另有新欢式的爱情故事，而是在自讨苦吃的牢狱之灾折磨和打拼中产生的知错即改、洗心革面做新人一般的人生态度的苗头破土而出。果然，这心中的希冀被证实了，女服务员以夫人的身份出现了。等相见后返回服刑地，警察和狱友已把他俩当一对夫妻看待了。音乐家高兴地拉响了手风琴。

我们所回顾的音乐家的情感曲线图，并非张贴在温馨的爱巢里，而是悬挂在依法打击犯罪的法理世界中。因此，法律意味深厚，是这喜剧情调的突出特征。

这部电影以抒情的温柔方式，把替人顶罪的无价值行为漫不经心地缓缓撕破，让观众彻底冲出了日常生活经验局限，从而体验到了来自法律的特殊情感。

同样描写顶罪，在中国文学中却另有滋味。关汉卿的《蝴蝶梦》即是一例。葛彪行凶打死了王老汉，其大儿子为报杀父之仇，将凶手打死。案发后，王氏三兄弟和王母都主动承担罪责，弄得包公难以断定谁是凶手。后来王母表示：老大、老二都是继子，老三才是自己亲生的儿子，她愿意让老三承担罪责。全剧极力把全家人主动替老大顶罪的行为当做道德楷模进行张扬。而包公的执法活动，是让另一个关押的窃贼来顶罪，将其判处了死刑。在这样的描写中，顶罪行为成了英雄壮举，执法官员成了道德行为的鉴赏家，完全没有什么喜剧意味可言。的确，关汉卿的创作意图并非喜剧。

此剧若在法治国家上演，或本土观众不依照关汉卿的创作意图来赏析它，

而是用法律尺度来分析其法理内涵，则会有意想不到的收获。我们完全可将其视为一出荒诞喜剧，而这里荒诞的东西，则是由于王氏一家、包公以及作者关汉卿全都是法盲而造成的。

查《大元通制》，有这样一条法律："诸人杀死其父，子殴之死者，不坐，仍于杀父者之家，征烧埋银五十两。"（郭成伟点校《大元通制》）很清楚，王大打死葛彪，不仅无罪，还可去死者家里索取安葬先父的银子五十两。王氏一家四口人作为百姓，不知有这条法律，争抢着顶罪、认罪尚情有可原，可包公是有名的清官，竟同样不知有此法律条文，就是怪事一桩了。更怪的事还有清官包公在公堂上弄虚作假，把盗马的赵顽驴当做凶手判处了死罪。依法，赵顽驴只应受"徒二年半"的处罚。看来这条法律对老包又是一个未知数。按关汉卿的本意，他要用此剧既歌颂王氏一家的德行，又要歌颂包拯的严于执法。而剧本的客观效果，却是暴露了官民因不懂法而产生的法律荒诞意识、荒诞行为。

破解这法律荒诞的钥匙，就是上述两条法律规定，因为戏剧大师关汉卿也是个法盲，才把他本来极力讴歌的人物和品德逆转为暴露、鞭笞对象，从而使中国戏剧史上爆出一个大冷门，奉献了一部法律荒诞喜剧。这里法律与喜剧的关系，就是以法理的智慧，撕破了法盲们的无价值的可笑面具。关汉卿对法律的无知，造就了此种法律荒诞剧，该是歪打正着，这实属意外和偶然的成功。

法律与喜剧的关系，还有一种类型，就是在讽刺性喜剧中，把有违法理或法律的人与事作为嘲讽对象，使其错误得到纠正。《史记·滑稽列传》中优孟的故事，即属于此种类型的喜剧。他是楚国的音乐人，常以说笑话的方式进谏国君。楚庄王有一匹爱之甚切的马，让它穿花衣服，住华丽房子，吃枣肉，致使害肥胖病而死。楚庄王竟命群臣为死马办丧事，想用大夫的葬礼来安葬它。左右近臣议论纷纷，认为不能如此办事。庄王于是下令说："谁敢进谏讲马的事情，就是犯死罪。"这种滥用王权，玩弄礼法与刑法的行径，自然没有正面价值，成为故事讽刺的对象。

余秋雨在北大给学生讲文化史时，有一位同学提到了这个喜剧故事，他当即作了一个与法律无关的评论：

> 喜剧美，是一个大概念，其中有一项叫滑稽。滑稽的一大特点，就是用荒诞的方式让人跳出惯性，然后破除更大的荒诞。人是容易沉迷的，因此需要唤醒。沉迷得浅的，用悲剧来刺激；沉迷得深的，可以用喜剧来阻断。（余秋雨《问学余秋雨》）

这种空洞的评论，可到处搬用。若贴近本故事，应得做法理分析。

我们看到执掌法律讽刺话语权的人，就是优孟。他听说死马之事，一下就进入滑稽表演角色：进入殿门，仰天大哭起来。庄王吃了一惊，忙问出了什么事。优孟以极夸张的口吻说："那马是您心爱之物，对堂堂楚国来讲，想要什么就有什么，用大夫的礼来葬它，太不够分量。请用国君之礼来安葬它。"庄王有点奇怪："此话是什么意思？"优孟回答道："我请求用雕花的玉来做棺材，用花梓木做外棺，调兵士来挖墓坑，命老弱者来挑土，齐、越两国站在送葬队列之前，韩、魏两国在队列之后护卫，祭品要让有万户的大城市来制作。然而，这样一来，大家都知道你以人为轻而以马为重。"庄王有点省悟了："我错得这么严重吗？那该怎么办？"优孟又花里胡哨讲了半天，意思是让大家把这马肉一锅煮了，饱餐一顿。庄王只得照办，并且任命优孟改行当了马倌。

优孟的讽刺言辞在修辞上用了夸张，在逻辑上用了归谬法，从而把楚庄王的滥用王权、破坏礼法、用刑法威胁群臣的错误放大了许多倍，这就使他猛然省悟，取消了原有计划。楚庄王的改弦更张，意味着当初讽刺目的的完全达到：以大夫之礼安葬死马变成了大家煮马肉吃，处死进谏者变成了让进谏者升官。就这样，礼法的尊严得到了保护，刑法枉杀无辜的危险被及时排除。喜剧的讽刺艺术在这里取得了功利性的实效。也许只有纪实性的传记文学中的涉法喜剧才能做到这一点。

在虚构性的喜剧作品中，法律与喜剧的联系往往更直接：把执法而不懂法、执法而故意玩弄法律的人物作为讽刺对象。莎士比亚的《无事生非》中的警官道格培里，对法律一窍不通，连原告和被告都区分不了，闹了一系列笑话。捷克哈谢克的讽刺杰作、长篇小说《好兵帅克历险记》中的检察官贝

尔尼斯一贯编造假案卷材料，以堵塞他经常丢失起诉材料所造成的漏洞。如此这般，他的执法工作乱成了一锅粥。关于这两个喜剧人物如何通过法律描写来塑造得更详细的说明，读者可参阅拙著《外国文学与外国法律》的第十八章和第十九章的论述，这里不多谈。

文学中的法律描写的美学研究，大有可为。笔者近年谈论此道的场合不少。以上三篇文章所谈，只是与余秋雨有某种关联的话题，故受到了特殊的局限。日后，笔者可能会做专门研究，总题目叫做："涉法文学美学"。

什么是文化语言学

文化语言学，是将文化与语言结合起来的学科，由中国学者于20世纪八十年代正式创建，而在五十年代初，已有《语言与文化》的著作问世。在这样的学术背景之下，文化学者余秋雨的语言论，理应包含丰厚的文化内涵，才合乎情理。而实际情形，却是他的语言论竟然有反文化的倾向。这话说起来有哗众取宠的嫌疑，然而事实的确如此。

一　论者语言观中的反文化倾向

余秋雨谈语言的场合不少，却总是只谈语言运用的技巧、技术这种非文化层面的各种问题，如泛泛议论五四新文化运动推广白话文的重大意义，努力“证明中华文化还有能力面对自身的巨大变革”，提到了“传统语文的当代化”（余秋雨《寻觅中华》）；不满于讲话、作文中“拥挤着多少套话、空话、大话”（余秋雨《问学余秋雨》）；构想了一个为时半年的语言培训计划，共有“排淤训练”、“小化训练”、“撩藻训练”、“悬念训练”、“肢体训练”、“心气训练”（余秋雨《北大授课》）六个训练项目；在媒体上“启发年轻人写作少用成语、形容词、对偶句和排比句，回归质朴叙事”，同时在文章中总结司马迁“文笔的干净、朴实、灵动”的经验，批评“金秋十月，桂子飘香”一类的陈词滥调（余秋雨《中国文脉》）；尤其在给北大学生讲文化史课的时候，用第24课专门讲语言，本来有机会名正言顺讲文化与语言的密切关系，可全部内

容依然是批评“浮华的文风”，反对讲“套话、空话、大话”，再一次搬出老舍的主张“尽量不用成语”，认为“无论成语还是定型的形容词，都是经过太多人手的‘语言硬块’”（余秋雨《北大授课》），等等。总之，余秋雨的语言论就是语言的技巧论、方法论、艺术论，但同文化完全不沾边。

这种非文化的语言论，同一般语言工作者、语文教员的语言论，没有什么本质的区别，可它们大量出现在余秋雨文化散文、文化史讲授稿之中，小而言之是有其名，无其实。大而言之，则可以认为是论者的语言观有淡化文化的倾向。

从文化的角度看语言，世界上五六千种语言标志的是五六千种文化。学习任何一门外语，都意味着学习者在接受母语文化的基础上接受该种语言所标志的文化，把它当做纯粹的语言工具是根本办不到的事情。例如笔者先后学过俄语、日语、英语，尽管都只略知其皮毛，没有过关，但也让我通过这几种语言对相应的俄罗斯文化、日本文化和英国文化有某些亲切的了解，与完全不学它们的时候的文化感觉就是不一样。

例如，俄语中的性、数、格变化多端，讲究一致，使我联想到俄罗斯文化的严谨、认真风格；日语的敬词繁多，用法各不可相混，使我联想到日本文化跟中国文化一样注重人际关系；英语中用“瓷器”一词代表中国，使我联想到西方文化了解中国是从观察物质文化开始的，并有着悠久的历史。谈到这里，我真后悔当初没有下苦功夫攻克这三种语言，要不然我会以这极肤浅的文化感觉为指针，进而去深探它们标志的各种文化奥秘。

余秋雨的英语功底不错，我相信他要专门研究英国文化，一定会成绩斐然。可回头一想，他对母语文化的研究，为什么缺少语言与文化的密切联系这一意识，致使他的语言论与中国文化完全脱钩呢？答案只有一个：他以为以往的那些空泛的语言论，就像他的一系列空泛的文化论一样，就是文化应有的样子。就是这种误解，导致他的语言论产生了淡化文化的倾向。

要考察语言与文化的不可分割的联系，最佳切入口就是词汇系统。任何一种语言用以记录与保存其文化的基本语言单位都是词语。萨丕尔认为，中国文化和犹太文化有一个共同点，就是把词语当实物。这无疑取决于中国文化“格物致知”的传统思维习惯。至于犹太文化何以如此，就不得而知了。

用萨丕尔的见解来看余秋雨的语言论的反文化倾向，是并不困难的。余秋雨一贯反对用成语、定型的形容词，殊不知中国文化通过成语和定型的形容词标记、传播的事实格外显著。萨丕尔在20世纪三十年代就指出过：

> 原始社会的大部分文化积累，都是通过较为精确的语言形式呈现的。成语、医药公式、标准祈祷语、民间故事、标准演讲、歌词、家谱等，都是语言作为文化保存工具的较明显的形式。（萨丕尔《萨丕尔论语言、文化与人格》）

这话千真万确。就拿被余秋雨一再排斥的中国成语来说，谓其汇成了一个相对独立的中国文化海洋，一点也不夸张。例如，守株待兔、刻舟求剑、掩耳盗铃嘲讽的是不知客观规律而贻误自己的主观主义哲学意识；朝秦暮楚、指鹿为马、信口雌黄指责的是心无主见、不负责任、蛮不讲理之类的行径；狡兔三窟、暗度陈仓、声东击西表述的是谋略和计策；秦晋之好、恩重如山、虎背熊腰意在颂扬他人；口蜜腹剑、阳奉阴违、趾高气扬为抨击另类之词……所有这些无不是精神价值的体现，洋溢着中国文化的古色古香的特有智慧，若简单地从字面上作纯粹语言文字的解释，则无法进入它们所共建的文化世界。

由此可知，余秋雨作为文化学者，一直只是在运用语言的技术上说三道四，一味强调不要运用成语，都从来不提语言中的文化蕴涵，实实在在有反文化的倾向，我们不禁为之万分遗憾。

为让读者看一看论者的语言观同文化语言学之间的差距有多大，笔者不得不勉为其难地试谈以下若干粗浅体会。

二　古汉语中的文化密码

中国文化不同于世界各国文化的特征实在多得很，任凭文化学者有怎样

高超的概括能力，恐怕都不能包罗无遗地揭示尽净。仅从词语入手，就可发现不少文化密码可用以破译文化特征方面的真谛。

先看一个“朕”字。它首次出现在《尚书·舜典》中，是舜自称之词，意思是“我”。此时，这个“朕”在古人那里可以随便用，可到了秦始皇手中，它开始变成皇帝的专利品，一用就是两千多年。“朕”，就这样不仅仅有“我”的意思，而更重要的是，它成为了皇权的代名词，是神圣不可侵犯的皇帝制度的标志，同时还是皇帝比全社会任何人都高贵的一个铁证，是封建专制统治不平等的一种象征。

何以见得？因为，除了皇帝一人能自由使用“朕”自指之外，其他一切人等连运用普普通通的“我”的权利都被剥夺了。几千年的中国文化，对于自我、自我意识采取的是高压政策，以至于有学者认为中国人自古就形成了自我压缩的人格。古代人在自称的时候，要依身份、地位、性别来选取相应的字眼，如在下、小民、草民、民妇、卑职、奴婢、微臣……“我”全不见踪影。倘有人不慎在公众场合误用了一个“我”字，会立即被认为是狂妄自大而受到围攻。

再看一个“讳”字，按照郑玄的说法，在周朝“讳”指的是先王的名字。后来，封建时代皇帝的名字也称之为“讳”，由此还产生了一种“避讳”的制度，规定臣民在说话、写文章时，一律禁止使用皇帝的名字。例如唐太宗李世民的“民”字不可使用，于是唐代文化中就出现了该使用“民”的地方，一律用“人”字来代替。这就是说，高贵得神圣不可侵犯的皇帝连名字所用的某个方块汉字也一同变得高贵了起来。

由于有这样的打上了皇权烙印的“讳”和“避讳”制度，文化人的敏感神经受到了刺激，他们以联想和想象制造出中国文化的特有“讳”文化分支。揭下其虚伪面纱，暴露的是弄虚作假的伎俩。有道是“为贤者讳”，很动听，拆下伪装却是替贤者文过饰非的勾当。孔子作《春秋》就如此干过捏造历史事实的事情。有这样的一件事：晋文公在温这个地方会盟，召请来周天子，让诸侯来朝见，孔子作《春秋》记载这件事，却写成“天王守于河阳”。子贡问为什么要这样写，孔子回答说：“以臣下的身份召请君主，这不可以效法。

所以我如此写，就是要写成晋文公率诸侯来朝见天子。”(《孔子家语·曲礼子贡问》)这种“讳”，实质上是为维护礼法，不惜篡改真实历史事实，用谎言虚构事实来冒充历史。一旦弄清了真相，我们对孔子的印象就有了一个大污点。

现代汉语中还保留着“讳”字的多种用法，如“讳疾忌医”的成语、“直言不讳”的习惯用语、“讳莫如深”的说法，大意都是不讲真话，有所回避。这样一来，“讳”的意义就扩大得很多了。可见，一个“讳”字已构成了一个规模不小的文化丛，反映出中国文化中有一道“讳”文化分支的演变史风景。

类似“朕”、“讳”的文化密码，在古汉语词汇中还多得很，以下作进一步说明。

三　现代汉语词汇反映出的巨大文化变迁

古汉语以单音节词为主，一个字就是一个词，能像上述“朕”、“讳”一样充当文化密码的词实在不少。这是因为，现代汉语以双音节词为主，还有三音节和多音节词。在语言学看来，这种变化只是词形的变化，而从文化语言学来看，词形的这种变化反映着文化的变迁。这样，一系列单音节古汉语单词就成为破解这种文化变迁的密码。

从忠、孝、仁、义、礼、智、信等词可知道，它们有着明确的价值内涵，在古汉语语境中，人们说话、写文章对它们一一加以解释的场合很常见。现代汉语的双音节、多音节潮流，将它们全部淘汰了。这意味着什么呢？意味着中国文化在现代化转型之后，凡是富有精神价值的词都退出了历史舞台，因为人们的价值观发生了改变，无用的旧词只能被放进历史的博物馆。

把上述几个词的字面意思用现代汉语翻译出来，我们会看到很有趣的现象。忠，可以译为忠厚、忠诚、忠实、忠心，所有这些只是一般道德修养，没有特定内涵，而忠却是封建时代的公德，特指忠于朝廷、皇帝；孝，可以

译为孝敬、孝顺、孝心、孝道，同样是宽泛地指尊敬长辈的道德修养，而孝在古汉语中专指顺从父母亲、祖父母。

尤其是“礼”字，可以译成礼貌、礼节、礼品、礼物、礼仪、礼服，因为现代社会有这些东西存在，与古代社会是一致的，但关键词义“礼法”却消失了，因为现代社会不再有礼法存在。礼，可说是一个很特殊的文化密码，它反映了中国法律及其制度的巨大变革。

与“礼”相映成趣的是“刑”，古汉语泛指一切刑法、刑罚，甚至礼之外的所有法律都有“刑”的意味，只要违背就一律动刑处罚。现在则没有单讲一个“刑”字的场合。

总之一句话，凡包含有精神价值的古汉语单词，都有破解中国文化现代化转型后的各种深刻变化的功能。

此外，多音节词的创造，反映的是新的物质文化和精神文化的创造或采借。拖拉机、收音机、电视机、联合收割机……是物质文化的创造、采借的产物。社会主义、马克思主义、毛泽东思想、唯物主义、历史唯物主义、历史唯心主义……是精神文化创造、采借的产物。它们的出现，是古汉语时代的人们做梦都想不到的东西。由此可知，现代人的思想意识与价值观念与古汉语时代的所有人相比，都有无可想象的先进之处。任何崇古、复古思潮，都是没有道理的精神倒退。

古汉语单词作为破解中国文化的密码，还有一个功能，就是能在很大程度上表现、反映出中西文化的差异。以上述“讳”字为例，在西方学者那里有着比现代中国本土人士更深切的感悟，更生动的说明。一位美国学者谈到了“为尊者讳，为亲者讳，为贤者讳”的古汉语现象，对其中的关键词“讳”，他指出：

> 这里的“讳”字包含了三个英语单词的意思：忽略、隐瞒和篡改。（史密斯《中国人的性格》）

其实，这三个英语单词的意思，也就是现代汉语对“讳”字所作翻译的三个意思。由于“讳”文化细节成为了历史，现代中国人的文化行为因而就完全不必再刻意追求忽略、隐瞒、篡改一类的事情了。看一看，这里隐藏着的文化进化之理该多么有趣，多么深刻！

二十多年前购读的那本《文化语言学》现不在手头，只记得其封面是黄色作底，黑色斑点的图案。以上所谈文化语言现象，不知是否被该书所谈论，也不知自己所谈是否合乎该书学理。以我初学的眼光看，文化语言学神奇得很，可探讨的学问也很有趣味。我不禁想说：余秋雨，请今后就文化语言学发表高见，我们对你有所期待。

什么是文化哲学

“这些年来，政治、伦理等领域，受到了较多的关注，政治哲学、伦理哲学似乎已逐渐成为显学，哲学领域中在某种意义上浸浸然形成了实践哲学复兴的趋向。”（杨国荣《谈实践哲学》）在当今这种学术背景之下，来谈论文化哲学，自然应当把它看做是实践哲学的一个分支。

作为一门学问，文化哲学已于18世纪问世。它是从哲学上研究文化的特质、特征与发展规律的实践哲学，已有两个多世纪的历史。20世纪以来，文化问题成为哲学研究的中心问题之一。

文化学者余秋雨在文化哲学上有怎样的作为呢？让我们从这里打开话匣子。

一　论者贴标签多于做研究

说来叫读者失望，余秋雨在谈文化的语境中至少有十几次提到哲学、文化哲学、中国哲学、伟大哲学家之类的概念，但没有一次就文化哲学自身的理论作丝毫说明。因此，可以断定，他在这个领域跟在别的许多文化领域一样，仍然是贴标签、发空论多于做切实的研究。

没有来得及研究文化哲学，并非什么过错，笔者无意于乘虚而入地苛求论者，只是由他的许多空论中看到了一种用文化哲学标签包装自己的文化议论的势头。早在2002年出版的《山居笔记》中，这势头就已破土而出了。

《天涯故事》一文，论者提出了“女性文明”的概念，在我们看来并无深意可言，而论者本人却自我拔高，认为“这里所说的女性文明，是一种文化哲学意义的象征说法”，甚至把它与老子“贵柔守雌”的主张相提并论（余秋雨《山居笔记》）。在北大给学生讲文化史课的时候，他认为自己的讲义“似乎又变成了一门‘文化哲学’”（余秋雨《问学余秋雨·自序》）。一年后，该课程结束之际，论者对同学们又一次强调说：“这么一来，文化史也就成了文化哲学和文化宣言。”（余秋雨《北大授课》）2005 年，论者曾在联合国世界文明大会上发表了题为《利玛窦说》的演讲，过了五年，论者回忆这一演讲说，它“从文化哲学上批驳了‘中国威胁论’”（余秋雨《何谓文化》）。

诸如此类的例子，还可以找到。以上四个例子共同显示了论者的一种不曾明言的学术理念：只要是他本人自以为深刻的发言、议论，甚至是一个提法，他就认为是文化哲学或具有文化哲学的深度。而文化哲学到底是一门怎样的学问，对他来说还是未知数。

尤其令人震惊的是，他杜撰了“礼仪哲学”的概念，用来包装自己的一次文化演讲。在《什么是礼仪之道》一文中，我们已指出过论者把礼法片面理解为“礼仪”是本末倒置，这“礼仪哲学”的出笼，则是把本末倒置的错误升格为“哲学”，这就错上加错了。论者在讲了半天“礼仪”之后，强调说：

> 我把它提高为“礼仪哲学”。（余秋雨《何谓文化》）

论者的皮相之谈，再怎么用“哲学”来包装，除了吓唬不明真相的人们之外，半点作用也没有。

不过，对笔者来说，“文化哲学”四个字特别有吸引力，致使我想借此机会把在文化哲学上的几点不成熟的思考披露如下，以就教于大家。

二 文化的本质

哲学上的文化本质，若简单讲，就是要究明物质文化与精神文化的关系。然而要具体讲清楚这种关系，并不是很容易的事情。首先，得有一个文化分类得当的前提条件。如不具备这前提，就会连起步的地方都弄不明白。

人们通常把文化划分为精神文化和物质文化两大类，依此谈论二者的关系，倒是方便，但容易困死在普通哲学的既有理论框架之中，谈不出新见解，甚至会拿文化实例来印证现有哲学理论。

笔者在《怎样给文化分类》一文中，提出了以文化人格为标准的三分法，即底层人身文化、中层社会物质文化和制度文化、上层文艺文化和学术文化。这里，本文认为，在这三分法得出的文化分类结果上探讨其本质，应当是行之有效的。

（一）底层人身文化

底层人身文化的物质部分是指人的血肉之躯，而精神部分则是指人的知识系统和文化人格。酣睡中的人和植物人，是哲学思考人身物质文化和精神文化的逻辑起点，我们看到，此时人的肉体的存在不以精神的存在为转移，而其精神的存在却可以暂时性或长期性处于抑制、消失状态。此时的人，纯粹属于物质性的人。而当人的意识恢复到常态时，其言行无不受其知识系统和人格的支配。

其中的人格，似乎是纯粹的精神存在，而现代心理学研究证明，它在很大程度上取决于人的生理遗传基因。美国学者兰迪拉森等人合著的《基因与人格》一书，从遗传学与人格、人格的生理学取向、人格的进化观三个方面对生理基因从多方面影响人格的情形作了论述，还列举了不少个案实例。

这就说明，在底层人身文化上，物质文化与精神文化不是绝对二元对立的关系，而是你中有我、我中有你的互相渗透、彼此转化的关系。尤其是对于个体的人格，这种复杂关系格外突出：生物性的遗传基因影响人格，人格又决定和支配人体的外部行为方式，并且以生物基因影响下一代。人的精神与肉体就这样处在难以绝对分割开来的无限循环往复之中。

人的文化教养的因素的介入，使这无限循环往复的运动更为复杂难解，因而文化人格的形成就成了谜。

（二）中层社会物质文化和制度文化

寻找文化人格之谜底，需要进入中层文化的大台阶，由这里挖掘它的社会根源。

在这一层面上，物质文化与精神文化的关系如何呢？工、农、商、学、兵、交通、邮电、卫生、医疗、科研等行业和部门的工作方式、使用器具、生产工作的成果，基本上都是物质文化，而这一切赖以存在的各种制度文化则属于意识形态的东西，即精神文化。没有成龙配套的制度文化的规范作用、保证作用，全社会将乱成一锅粥。其中法律制度文化，更是带有强制性，不服从者就会受法律处罚。这样，社会中层的物质文化与精神文化，也都不是彼此孤立的，而是以看不见摸不着的方式自然而然地交融在一起。例如，农民在地里收棉花，放眼看去完全是物质文化现象，可他的棉花地是按土地承包合同而得到的，这是制度文化在起作用；他收获的棉花出卖给国家收购部门，这里有收购价格的明文规定，又是制度文化在起作用；若棉花交易中出了纠纷，得去有关部门投诉，还是制度文化起作用；新闻记者若来采访棉花收购新闻，便碰到了新闻制度文化的介入。

社会层面上的一切物质文化、制度文化在其运行过程中，虽然具有相对独立性，但是彼此交融为一体才是通常的表现形式。

个体的文化人格唯有在社会层面上才能实际形成。由于有全社会成员的参与，社会的物质文化与制度文化不可分割的关系，就变得更加复杂多变了。仍以农民的收棉花为例，一个村子里的所有农民因体力、技术、勤劳程度、使用种子和化肥不同、所承包土地土质地势有别，造成的收成就有差异，这些反映到农民意识中就会造成心理上和精神上的差异：有人欢喜、有人忧愁、有人叹气、有人恼火、有人后悔。同样的物质文化就这样带来了不同的精神文化。

（三）上层文艺文化和学术文化

上述底层人身文化和中层社会物质文化、制度文化不管怎么看、怎么说，其本质上是属于物质文化的。唯其这样，人自身以及人类社会构成的文化世界，才是有目共睹的感性世界，并且是可以自由出进、能够触摸的感性世界，而不是海市蜃楼的虚幻感性世界。上层文艺文化和学术文化，则是与之对应的理性世界，文化研究，无疑以上层文艺文化和学术文化为主要对象。

那么，上层文化是黑格尔所说的绝对精神理念吗？不是的，它是由底层人身文化、中层社会物质文化和制度文化的两层土地中生长出来的精神花枝，在人类意识领域到处生长，日久天长，形成了唯有理智思考才可把握的精神世界。

世界上的五六千种语言，是记录、描述和创造这万紫千红的精神世界的工具，它们所拥有的词汇海洋，则是向这精神世界挺进的自由通道，又像是遍地路标，任凭你依其指向到达你所希望到达的目的地。

三　文化的特征

文艺文化与学术文化本身就是精神现象，以文化视之论之，这精神现象具有什么特征呢？这是文化研究所碰到的一个关键问题。总的说来，文化研究把文艺文化和学术文化作为重点对象，就是要彻底破除文艺文化、学术文化各自拥有的全部专业疆界，把它们当做一个人类智慧的共同整体，因此整合性是文化的总特征。

由于整合对象有性质差别，这整合性特征就可分解为或表现为三大具体特征：理智性、情感性和伦理性。所有的学术文化，无疑都诉诸理性认识，故其理性特征显而易见。

文学、艺术作品，学者公认主要诉诸情感，同时又高扬正义、平等、善良的旗帜，诉诸伦理道德的特征与倾向，为全人类文学、艺术作品所共有。因此，情感性、伦理性特征在文艺上的表现无可怀疑。

整合性特征着眼于方法论，它是一种对无所不包的宏观方法的概括。理智性与情感性、伦理性着眼于对象论，体现着学术文化与文艺文化的质的区别。

中国历史文化格外发达，历来有二十四史、二十五史之说。此后文化人从某种角度总括历史的文化性的历史评论就极具整合性特征。梁启超在《中国史界革命》中说，“二十四史非史也，二十四姓之家谱而已。”真是一句话道破了二十四史为历代封建王朝各姓皇帝摆家族权力史的秘密。鲁迅借《狂人日记》的主人公之口，把几千年的历史比喻为“吃人”的历史，更是深入骨髓地暴露了等级制度的残酷本质。在谈到文学创作时，鲁迅有一句名言：“创作总根于爱。”这些精辟言论，充分反映了文化的诸种特征，为文化学者高瞻远瞩地从事文化整合工作昭示了可行性的方向。

说到这里，我们不得不再次批评余秋雨，可以说他对文化的四个特征都很少关注与谈论。这种认识的欠缺，不仅表现在我们曾批评过的他对文化与“专业”的关系没有弄明白，还表现在其他有关议论的失误。请看一个典型例子。

在与台湾大学的学生就文化问题进行闪问闪答之时，学生问到了政治问题，余秋雨的回答是：

> 政治当然很重要，但在我的排列中，经济高于政治，文化高于经济，宗教高于文化，自然高于宗教。（余秋雨《北大授课》）

这段话有点像绕口令，直截了当看去，其内在理性逻辑不甚了然，笔者从中整合出一条思想脉络，可用下列示意图标出：

自然

宗教

文化

经济

政治

这五步阶梯式的示意图告诉我们，在余秋雨那里，“自然”高于一切，“政治”低于一切，“文化”恰好处于中间地位，且不论这种排序本身是否合理，单从论者的文化理论来看，其中缺失太大太多了。首先，这种“排列”把自然、宗教、经济、政治都排斥在“文化”之外了，而论者的文化议论却没有少谈它们，于是又一次自相矛盾，并且把“文化”缩小为一门“专业”。其次，文学文化、艺术文化，是论者讲得最多的内容，“文脉”论即建立于此，可在这张示意图中居然没有位置，这是何等巨大的疏忽。最后，本文所谈文化的特质、特性之类哲学课题，在这种示意图中无从插足，又一次反映出论者的“文化”观不过是一些浮光掠影的情境性感悟与慨叹罢了，而他的那些所谓“文化哲学”的自我提升言论，实际上没有什么哲理可言。

四 文化发展规律

从哲学上看文化发展的规律，应当有着与上述文化的特质、特征相一致、相呼应的理性见解。依笔者的初步研究，文化结构形式的发展引发文化内涵的趋于系统化，应是一大突出的客观规律。

对于文化的功能结构，其最小单位是文化细节。若干文化细节若有内在一致的联系，就构成了文化单元。相关联的文化单元经整合，就构成文化丛。文化丛在运用中兼收并蓄，可逐步汇成某种文化支流。这种发展演变态势极为常见，可视为文化发展的客观规律之一。

例证之一，孔子对于君子的表现有不少说明，这构成了显而易见的文化细节。孔子和之后的学者，综合大量君子的文化细节，构成了君子之道的文化单元。《中庸》问世意在对君子之道作全方位的理论阐述，从而使君子之道与中庸之道铸成一个文化丛。后儒对这文化丛又有所增色，于是汇成儒家文化的一大支流。

例证之二，《易经》六十四卦，卦卦不离“天道”。这是一个文化单元。

上古时代，神话传说有女娲补天、夸父逐日、嫦娥奔月，都是关于天的文化细节。日后关于天、天道的大量传说、猜测和描述，构成了一个庞大的文化丛，可命名为太空文化丛。到如今，我国与美国、俄罗斯一样，航天事业得到大力发展，可视为我国的太空文化丛如同滚雪球一样，形成了太空文化支流，国界对于太空文化来讲，已不起应有的限定作用。

例证之三，古汉语中的“朕”，是皇帝自指的一个文化细节。“吾”、“我”两个一般性的文化单元，被神圣的“朕”压抑得喘不上气来，很少有被自由运用的机会。白话文取代文言文之后，“我”与“我们”把“朕”赶下了文化舞台，形成了一个第一人称的文化丛。它们被人们自由自在地大量运用，这标志着被压抑的自我意识、自我价值的觉醒与实现，从而出现了历史上所没有过的自我价值文化支流。

例证之四，古汉语中“讳”为先王的名字，是一个姓名文化细节。封建时代，导致不能随意涉及皇帝名字的“避讳”制度，即形成了一个文化单元。中国人“为古人讳”、“为贤者讳”、“为尊长讳”的心理习惯与行为方式，构成了一个不讲真话的文化丛。同实事求是的科学态度相反的一股负面文化支流，就这样传承下来，至今仍有残留迹象。

以上四例，都是中国的文化功能结构形式发展演变裹挟文化内涵发生变迁这一规律的证据。

现在来看一下世界文化的同一发展规律的实例。古希腊在公元前 6～公元前 4 世纪，出现了自然法思想，认为自然法则比人制定的法律更公平。起初，自然法思想在西方法律思想中还是一个文化细节。到芝诺（公元前 336—公元前 264 年）创立斯多葛学派之后，自然法思想已相当发达，逐步传承了五百多年，已构成了一个强有力的法文化单元。17 世纪～19 世纪，西方资本主义阶段又产生了古典自然法学派。荷兰的格劳秀斯是其创始人，接着在荷兰出现了斯宾诺莎，英国出现了洛克，德国出现了普斯道夫，稍后法国出现了孟德斯鸠和卢梭，美国出现了杰斐逊等人，他们都有着自然法思想，从而形成了跨国性的法文化丛。在冷落了近一个世纪之后，19 世纪末和 20 世纪初，西方世界又崛起了现代自然法学复兴的新浪潮，波及法国、瑞士、

奥地利、比利时、意大利、英国等国家。显然，这时已形成了延续西方世界两千五百年之久的法律文化上的自然法学支流。这个文化支流的发展规律性比中国文化发展的上述四个例证显得更壮观，推进的阶段性更明晰。

有这五个例证，文化形式上的功能结构的逐步扩大导致文化内涵的滚雪球式的相应发展的规律，应当说得到了初步揭示和阐释。

至于其他规律，随着文化学的日益发展，一定会逐步发现，进入人类的理论视野而显现真容。

五　暗物质的哲理思考

天文学家近七十年来发现、推断、命名和仍在继续探讨中的宇宙间的暗物质及其暗能量，似乎至今也没有引起哲学家的注意，故关于哲学上的物质与精神的关系的考察失去了一个极佳的视角，损失不可谓不大。文化哲学有责任主动挑起这被遗忘的重担，对暗物质的特殊哲理作出分析。

暗物质和暗能量，作为宇宙中所占质量、能量都大大超过普通物质的最重要成分，无疑是客观存在的物质现象。其重要意义，我国媒体是这样强调指出的：“人们认为暗物质促成了宇宙结构的形成，如果没有暗物质就不会形成星系、恒星和行星，更谈不上今天的人类了。”（转引自《华商晨报》2013年4月5日A05版）如此关系到宇宙和人类自身的重大物质现象，文化哲学绝对不能漠不关心。

质言之，机械唯物论在这里完全没有立足之地，而客观唯心主义却有可乘之机。但暗物质的特殊哲理，就在这里。机械唯物论认为，物质就是物质，精神就是精神，二者截然对立。但暗物质的客观存在，却离不开人的主观精神作用。因为，它既不发光，又不反光，也没有形体，还不发射电磁波，无论用肉眼还是用天文望远镜都看不到。它的存在，只能靠现代科技手段来间接“观察”和推测。因此，暗物质及其暗能量的主观精神性就非常突出。这也就是人类迟至近七十年才发现并解释暗物质客观存在的根本原因之所在。在此之前，科技水平和人类的主观认知能力还不足以发现与阐释它。

客观唯心论哲学，抓住暗物质仰仗人类主观认知能力而存在的事实，可以无限夸大它所仰仗的主观精神，用暗物质来证明人的主观精神主宰宇宙的结论。

在同时阻断机械唯物论和客观唯心主义的理念之后，我们所能得出的结论应当是：暗物质和暗能量，是宇宙间的客观物质现象和人类主观精神现象完美结合的表现，是二者高度统一的铁证，但归根结底它是不以人的主观精神为转移的客观物质现象。

就这样，文化哲学对宇宙暗物质的解释，既坚持了唯物论，又坚持了辩证法。

文化的最终目标是在人世间普及爱和善良吗

余秋雨认为，凡是文化，“总会有一个正面、积极、公认的终极指向”，这就是“文化的最终目标”，而这“最终目标是在人世间普及爱和善良”。（余秋雨《何谓文化》）本文认为，这个提法不伦不类，不知所云。若将其作为余秋雨文化观的结论之一，至少有三大疑问妨碍着它的成立。

一　文化的“终极指向”在哪里

首先一个疑问，是文化的“终极指向”到底在哪里，论者没有想清楚。余秋雨给文化下的定义如下：

> 文化，是一种包含精神价值和生活方式的生态共同体。它通过积累和引导，创建集体人格。（余秋雨《何谓文化》）

从这个定义可知，文化如果存在有“终极指向”的话，那么它就存在于这个定义之中。请看，“精神价值”不就是“终极指向”吗？如果不是，“精神价值”岂不毫无“价值”吗？既然这“精神价值”就是“终极指向”，那么为什么又节外生枝地提出一个新问题进行新的论证、说明呢？

我以为，论者的任务，本在于进一步具体说明自己的文化定义中的“精神价值”的关键词所包含的理性内涵，而不是另起炉灶提出什么“终极指向”的问题。应当承认，余秋雨的文化定义简明、扼要，可以当做正式的文化学理定义广泛运用。而定义中的“精神价值”，是必须进而加以确指的。在我看来，人类文化的“精神价值”，用真、善、美这三个字足以概括尽净。真，指的是文化中的全部真理，即人类共创的大智慧；善，指的是文化中的人文关怀、爱、良知、良能之类的美德；美，指的是所有文化作品能引起审美愉悦的东西。真、善、美构成了文化的“精神价值”的完整系统，另寻什么“终极指向”，纯属多此一举。

来看一个小例子。《列子・天瑞》讲了一个小故事：齐国有姓国的一家，很富有。宋国有姓向的一家，很贫穷。向氏来向国氏请教致富的方法。国氏说：“我善于偷盗，一年后生活自给，两年后富起来，三年后大富。”向氏听后，只知“为盗”的一般含义，不知另有所指，果然回家做盗贼去了。不久，案发而落入法网。向氏以为被欺骗，就找国氏埋怨。国氏问：“你怎么偷盗的?”何氏把翻墙打洞行窃的情况说了一遍。国氏说：“我所说的盗，就是盗取大自然的财富。如天上云彩降下的水，山上水泽所产的动物，陆地的禽兽，水中的鱼鳖，没有哪一样不是盗来的。它们都是大自然生成的，难道是我所有的吗？我盗取的对象是大自然，所以没有灾祸。而那些金银财宝、粮食、布匹，属于别人所有，你去盗取，当然有罪，现在你能埋怨谁呢?”向氏一听更加糊涂，就到东郭先生那里去求教。不料，东郭先生也讲的是同样的道理，他还进一步指出：“国氏所盗，盗取的是天地自然所有的财富，是公盗，所以没有罪；你盗取东西出于私心，盗取的是别人的私有财产，所以有罪。”

在这则故事里，对“盗”的两种阐释，既有法理，更有哲理，颇能动人心弦，真、善、美的东西尽在动人故事的字里行间。这就是该故事的“精神价值”之所在，舍此能另外找到什么“终极指向”吗?

这一个小故事有其真、善、美的内涵，同样，只要是优秀、杰出的任何文化、文学作品，莫不有真、善、美的内涵，将其揭示出来，就达到了文化阐释的任务。舍此，不可能另外有什么“终极指向”。

二　文化有没有“最终目标”

余秋雨的上述提法产生的又一个疑问是：在文化上到底有没有所谓“最终目标”呢？依照余秋雨文化定义，既然文化需要“积累和引导”，那么它就是一种不间断的过程，将同人类相始终，只要地球不毁灭，人类还在代代延续下去，那么文化的这种“积累和引导”过程就不会终结。也就是说，文化上根本不存在“最终目标”这码事。

以中国文化为例。余秋雨指出：“中国文化已经相当刚健地存活了至少五千年。”（余秋雨《何谓文化》）在这五千年过程中，有哪一位文化人提出过它的“最终目标”问题呢？今后，中国文化还不知要存活几个“五千年”，是否也能提出“最终目标”问题呢？不能。理由是中国文化与世界各国文化一样，是一个无休止的过程，都不可能有什么“最终目标”存在。

也许，余秋雨的意思是指文化学者个人的文化研究，应是有一个“最终目标”。其实，即使如此，此说仍不能成立。不说别人，单讲余秋雨本人，写了那么多文化散文，又到处作报告、讲课，还发了不少文化议论，不知这一切是以什么东西为“最终目标”的，余秋雨也不曾解释自己是否有什么“最终目标”。

相反，我们从余秋雨的文化研究所得来看，他不仅没有找到自己为之奋斗的“最终目标”，就连短期目标、中转站式的目标都不曾有过，有的只是文化讨论中时常碰到的失去目标物的困惑和慨叹。如他不满于中国文化难以说清的“写意状态”，把儒家的“君子”概念当做“最典型的例子”。他说：

> 追求了两千多年，讲述了两千多年，但是，到底什么叫君子？怎样才算不是？区分君子和非君子的标准何在？一个普通人要通过什么样的训练程序才能成为君子？却谁也说不清楚，或者越说越不清楚。因此，君子成了一种没有边界和底线的存在，一团飘浮的云

气，一种空泛的企盼。长此以往，儒学就失去了一种参与凭据。（余秋雨《中国文脉》）

在这种无可奈何的议论中，文化理性探索的无目标、无归依的困苦可想而知。然而在儒学中，君子概念是明确的，事例是众多的，论证起来相对容易得多，较之儒学何以在中国文化史上盛行的根本性课题，不知好办多少，余秋雨尚且有为难之处，在别的文化课题上难度也不在话下了。如果“最终目标”是那么容易找到和定位，恐怕这里的君子论的困惑就没有客观事实依据了，也就是说，它不过是论者的夸大其词罢了。总之一句话，这段意在强调“君子”概念究明之难的议论，同余秋雨“最终目标”的轻松定论呈自相矛盾之势，证明了后者的难以成立。

依照余秋雨的文化定义，“创建集体人格”倒可以认为是“最终目标”，至少可算作是中途目标之一，但论者无意于这样看问题。这种做法不仅使“最终目标”变得不可思议，更使“集体人格”及其“创建”工作成了上不沾天、下不挨地的空中悬浮之物。试问，当余秋雨和文化研究者致力于这项极重要的“创建”工作的时候，除了在“集体人格”自身下工夫之外，还要抬头去关注另外的什么“最终目标”吗？假说果真有某种“最终目标”耸立在遥远的地方，那么这“创建”“集体人格”的工作同这“最终目标”是一种什么关系、如何去处理这种关系呢？我想，硬要拟定文化的“最终目标”的话，起码得回答这样的基本问题，不然就越说越糊涂。

三　“普及爱与善良”是否能成为文化的“最终目标”

余秋雨的“最终目标”说，只能认为是他个人的文化观上的一种假设。其要害，不在于这种假设的虚幻性，而在于论者赋予的“普及爱与善良”的文化内涵的过于偏枯，失之于片面、肤浅的道德说教。

以语义学的观点看“普及爱与善良”的字面意思，可知这是伦理学的命

题。是的，伦理学的基本原则就是爱与善良的阐释与倡导。

慈悲为怀的宗教信仰，也往往以普度众生的仁爱与善良相号召。《金刚经》等佛教经文，把善男信女称之为“善男人”、“善女人”，就是“普及爱和善良”的明显标志。

无论人们是否研读伦理学，也不管人们是否有宗教信仰，“普及爱与善良”提法的本身是无可挑剔并容易被认同的。但是，若要将其拿来当做文化的“最终目标”，却有不少疑问。首先一个疑问，是文化并非仅指伦理文化和宗教文化，将二者的核心话语拿来当做文化的“最终目标”，岂不等于大大缩小了文化的覆盖面吗？

余秋雨找到一个辩解的理由，这就是爱与善良具有无穷的穿透力。他说：“爱和善良超越一切，又能把一切激活。没有爱和善良，即使是勇敢和理想，也是可怕的；即便是巨大的成功，也是自私的。相反，如果以爱和善良为目标，那么，文化的精神价值、生活方式和集体人格，全都会因为这个隐藏的光源，而晶莹剔透。”（余秋雨《何谓文化》）余秋雨这段话重申了他的文化定义中的三个关键词——精神价值、生活方式、集体人格，而“爱和善良”云云，为该定义所不曾提到之物，这就等于像变魔术一般，从空中抓了一把什么东西，然后吹一口气就出现了穿透力极强的所谓“爱与善良”。人们不禁要问：这“爱和善良”是文化自身固有的呢，还是论者本人的意愿呢？若是文化自身固有的，那么它是存身于三个关键词所指向的哪一方面还是所有方面呢？若是论者个人的意愿，那么在多大程度上具有客观真理性呢？

这里要提请大家注意余秋雨的另外一番言辞。他在强调“人格界限”的重要性时，曾指出：“我们在区分社会上种种是非、善恶、利钝、真伪的时候，一定要注意背后的人格界限，也就是君子和小人的区别”（余秋雨《问学余秋雨》着重号为笔者所加）。在这里，被“区分”的诸多两两相对的事物中，“善恶”处于相对的中间地位，而“人格”则处于“最终”位置。然而在讲文化的“最终目标”之时，中间地位的“善恶”却成了“最终目标”。这就又犯了余秋雨常犯的自相矛盾之错。这种顾前不顾后的随意性言辞，叫谁敢相信！

把“普及爱和善良”当做文化的“最终目标”，在理论上还有一个破绽，就是如何对待对立的、近似的种种有关理论主张呢？明显的例子，是我国先秦的孟子有“性善”论、荀子有“性恶”论、墨子有“兼爱”论，它们同余秋雨的“最终目标”论怎么相处呢？事实上，余秋雨曾对其一一作了肯定。他说：

在先秦思想家中，提出“人本善”的孟子和“人本恶”的荀子，都具有极高的理论价值，因为他们为儒学提供了人性论基础。

墨子干脆提出了“非攻”，观念更明确了。他还提出过“兼爱”，这在中国思想界简直是空谷足音。(余秋雨《问学余秋雨》)

把余秋雨的这些话放在一起，我们不能不又一次糊涂了：文化的“最终目标”的“普及爱和善良”等于把孟子、荀子、墨子等人的思想观念兼容并包在一起吗？如果是这样，先秦诸子们早在两千多年前已经开创了“普及爱和善良”的工作，如今到余秋雨手中才认定为“最终目标”，该是滞后得多么遥远。再说，先人那早已着手并历代不乏传人的工作，从无什么“最终目标”在他们眼前高悬，迟至21世纪的今天突然出现一个“终极目标”，这除了是论者的一种理论想象、假设，就无从解释了。

退一万步讲，就算有这么一个“最终目标”，那也不能把浩渺无边的文化探究工程削足适履地缩小为伦理道德的宣传教育。若是这样，还不如直截了当取用文化素材来建构文化伦理学的理论系统来得干脆利落。

文化学是一门整合人类所有学问的科学，它既要吸取自然科学的尊重客观规律、讲究精确性的营养，更要吸取人文社会科学各门学科的智慧，同时还要把文学、艺术文化作为重点对象。在这种大整合的学术视野和理论框架里，人类所需要的上述真、善、美的文化结晶物，会源源不断出现。文化的创造者、传播者和接受者、消费者，都尽可各取所需，用以从事新一轮的文化创造、传播、接受和消费，如此在文化发展的长链条中循环往复，以至于无穷。所谓“终极目标”、“终极指向”都根本不可能存在，因为这循环往复的文化发展、变迁流程中没有断裂缝隙可以让这人工制造的“添加剂”投入与存身。

把“专业”当“文化”是闹“误会”吗

文化与“专业”是一种什么关系？这个问题关系到文化研究的对象，也关系到文化研究的方法，还关系到文化研究的功能和意义，如何认识和处理这一问题，应是非常棘手的事情。余秋雨在这里发表的意见，笔者以为过于武断，过于简单化。他说：

> 我们经常会闹的一个误会，是把“专业”当做了“文化”。其实，“专业”以狭小立身，“文化”以广阔为业，“专业”以界限自守，“文化”以交融为本，二者有着不同的方向。当然，也有一些专业行为，突破了局限，靠近了文化。（余秋雨《何谓文化》）

尤其叫人不可思议的是，余秋雨在这里又一次暴露出自相矛盾之处。他针锋相对地说：

> 文化，似乎主要是来制造界限的：学历的界限、专业的界限、民族的界限、时代的界限、高低的界限、成败的界限、贵贱的界限、悲喜的界限、雅俗的界限……在这重重叠叠的界限中，人们用尽了才华和智谋，编制了概念和理由，引发了冲突和谈判。这一切，似乎全都归属于文化范畴。（余秋雨《何谓文化》）

两种对立的说法，证明论者在文化与专业的关系问题上还没有形成自己的真实见解，让读者无所适从。在我看来，迄今为止的一切实务上的专业、一切学问上的专业，都有着超越本专业范围的广泛意义上的文化所必需的成分，不可将任何一种专业置于不顾的冷宫。这是二者关系的一个方面。这一点很好理解，也很好操作。

以余秋雨文化散文的题材而论，文学、艺术、书法、历史、哲学、美学、宗教、政治、心理、逻辑、语言、文学、天文、地理、科技……无所不包，未曾拒绝任何一门专业。文化散文如此广开言路，自然可喜可贺。依此，他若发表对各专业文化兼收并蓄的言论，那么就有理论与实践统一之效。看来，上述把专业人士以专业当文化的主张斥为“闹误会”之不妥，首先就在于分明反对了论者本人的文化散文写作之道。这就又一次暴露了余秋雨惯有自相矛盾的老毛病。不过，这一回不是言论的自相矛盾，而是言论与实践的矛盾。

文化与专业二者关系的另一方面，是文化不能取代任何专业，而只能从中一一提取属于文化范畴的东西。这一点也好理解，但极难操作。难就难在提取的标准与分寸的定夺。余秋雨没有议论此难解之事，只有大量的文化散文作品可供揣摩。

余秋雨文化散文的绝大部分，是对中外文化遗址遗迹的实地考察之后的见闻、感想和情境性的议论，文化理性成果稀少，让文化研究者不免会大失所望。个中原因，当是对有关的种种专业文化的提取功夫大大不足。例如《沙原隐泉》，纯属山水游记，仅仅只是文末三言两语捎带出“一位老尼，手持悬项佛珠”，加上“为何孤身一人长守此地？什么年岁初来这里”两个设问，就算做是“文化散文”了。我们有理由认为，余秋雨的文化散文大都如此浮光掠影于文化遗址、遗迹外景的描述加追问、联想、猜测、感叹、抒情，真正有文化含金量的议论、见解、结论显得较少，从文化研究的方法论上看，这就是从专业中提炼普遍意义的文化基因太少。

《笔墨历史》一文，走向了《沙原隐泉》的另一极端。它除了开头两段文字用于制造文化气氛之外，其余文字全是书法论，应该读作书法专业知识说明文。换言之，此文太专业化了。若是这样，余秋雨又一次掉进了自相矛盾的陷阱——做了他曾反对的把专业当文化这种闹“误会”的事情。

余秋雨的文化散文作品系列中有没有把文化与专业二者关系处理得恰到好处的成功范例呢？带着这种期待，我又一次翻阅手头的十几本书，翻来翻去，始终没有找到令人满意的篇章。我相信大家会有同感。有学者把余秋雨的文化散文病诟为“文化口红”之类，话是有点尖刻，但也准确点明了其文化内涵稀薄、形同到处涂抹一层饰物的要害。以余秋雨时刻不忘的“文化人

格”关键词而言，据笔者统计，至少使用了一百多处。倘若果真要究明它的文化内涵到底是什么，至少得借助于法律、心理、哲学、伦理等学科的专业知识、理论的支撑，从事相关的切实研究。但我们看到的，却是余秋雨在他百科全书似的广泛议论、抒情中随心所欲搬用“文化人格”之类的标签，从没有相应的理论分析与论证。显然，这种无内涵的空洞“文化人格”观，充其量只是摆出了一个个包装物，打开一看，里面都没有实在内容。

在余秋雨的文化散文系列中，《西天梵音》（后改题名为《佛教的事》，收入《中国文脉》一书）这篇文章，因为从中国文化的实际需要分析之所以接纳佛教文化的四大原因，使该文有较多文化含量。然而对这篇以议论、说明为主要表达方式的文章而言，我们还是觉得它不够专业水准。至少可从两个方面检验其缺失。第一点，中国文化接受自己从前完全没有的佛教文化，使之融入机体的各个方面的这种文化现象，用文化学的行话讲，叫做“文化采借”。它包括佛教精神文化的经文的采借和寺庙、庵堂等佛教物质文化的采借两个方面。这种采借过程曾遇到余秋雨谈到的几次灭佛事件的阻挠与破坏，但终于采借成功，使之在中华文化中扎下根来。

第二点，论者没有看到，也不曾说明：与几次灭佛事件紧密呼应、密切配合的是，几乎从汉代佛教文化被采借到中华大地开始，历代法律对佛教、道教都持歧视态度，其具体表现就是对宗教信徒犯罪者的处罚比世俗之人重。这是几千年的封建法律不平等的表征之一。论者闭口不谈这方面的文化现象，使自已立论难以周全，从而也未免流露出盲目的乐观情绪。

这第二点缺失并非个别事例、偶然现象，而是余秋雨全部文化议论中的致命性弱项。只要事关法律，论者的文化论通常就会出错。

那么，文化学者该如何正确、有效地从人类各种学科专业中提取应有理论建构材料呢？我们可以从《老子》中找到一条重要的、基本的原则与方法。

> 圣人欲不欲，不贵难得之货；学不学，复众人之所过。以辅万物之自然而不敢为。（《老子》）

我们是普普通通的文化人，有幸从事文化研究，就意味着在寻求一条整合人类有史以来的各种人文、学术智慧的路子，与此同时也意味着在一种特定位置与视角注视传统人文、学术智慧的不足、失误、空白、疑惑、漏洞、弊病，从而做治病与纠偏的弥补。无论是正面的整合，还是负面的弥补，对各自为政、各守山头的专业和专业人员来讲，都属于“欲不欲”、“学不学”的性质，正是因为这样，文化学的成果才具有普适意义，从而达到“辅万物之自然”的目的。从这个不平凡的意义上看，文化学其实就是老子期待的“圣人”之学。

笔者绝无妄自尊大之意，也没有为文化学者争得学问之冠的奢望，只不过从老子的指示中悟出了文化学在认识和处理同人类一切学科专业的关系时的一条基本原则和方法罢了。笔者在这里有刻骨铭心的体会。

例如，当今世界范围内的文化人、文学研究者百分之九十五以上都是法律的门外汉，他们对法律既不感兴趣，又一窍不通。如果文化、文学自身与法律毫无瓜葛倒也无妨。但严峻而棘手的是，文化作品，尤其是文学作品，对于法律的认识、议论、思考、探究和艺术描写，成就卓著，数量巨大，几乎占据了半壁河山。纯文化人、纯文化学家面对这半壁河山，或完全视而不见，或有所见而不能言，或言而有错且错得笑话百出，或所谈简直如同在玩文字游戏。学界对此竟然长期安之若素，无动于衷。

拿关汉卿的《蝴蝶梦》来讲，在《法律与喜剧是什么关系》一文中，笔者曾指出过，此剧是法盲的关汉卿歪打正着而创作的法律荒诞喜剧。法盲的文学家却不能意识这法律上的荒诞之处，而是十分严肃认真地总结创作经验、艺术成就，即把法律失误造成的荒诞当做正面的成功之处加以肯定。有论者说：“包待制听了王母的诉说后，就向张千耳语，要偷马贼赵顽驴为王三替死。这一关键性的情节……和前面把偷马贼下在死牢里这一情节遥相呼应，因此也显得很合理、很自然。”（游国恩等《中国文学史》）不客气地说，这种法盲的不通法理的评论，如同痴人说梦。诸如此类的谬误，在论者的这部书问世半个世纪后，已流传扩散到二十多万读者之中，却一直无人问津！

文化学研究，一旦注意到这种专业病，救治就有了希望。然而文化学者队伍中同样法盲充斥，于是乎原本该有的“欲不欲”、“学不学”的职业、本分之事，就这样受阻、搁浅了。笔者涉足于此，在一贯忧虑文学界法盲病无

从救治的基础上，又增添了对纯文化学者的同一性质的忧虑。

鉴于笔者二十多年来的切身体会，我以为文化学者加强法律修养，对于担当文化学固有的“欲不欲”、“学不学”、“以辅万物之自然”的重任，有着自救与救人的双重紧迫意义。

说到这里，可以强调指出：把“专业”当做文化研究对象，一点都没有错。错的东西，只在于不能吸取“专业”的智慧与营养，又不能正视“专业”的各种不尽如人意的地方。

文化学者余秋雨在理论上不能阐述文化学与各专业的关系，并有所误解，那么在实践上如何呢？读者从《什么是文化上的集体人格》、《什么是人格理想》等文可以看到，因为论者未能从法律、心理学、哲学、伦理学等学科吸收相关理论与材料，致使“文化人格”、“集体人格”、“人格理想”成为到处搬用的标签而没有实质性的文化内涵，而从《法律与美是什么关系》、《法律与悲剧是什么关系》、《法律与喜剧是什么关系》等文则可知道，因为论者不通法律而误解了一系列文学作品，并且无从揭示文学作品中的法律描写的美学意蕴。这些就等于说，他的文化研究实践大大受损于未能处理好文化与“专业”的关系。

欲不欲，学不学——想别人不想的问题，学别人不学的知识，用以文化研究，是笔者从二十多年涉法文学研究和文化研究的实践中悟出的一个学问之道，愿与读者和学人分享。为此，我们来欣赏欣赏徐珂的微型小说《明眼人一口道破》。

> 山东某进士任知县，唯知读书，不理民事，政出多门，被人控于部，遂逮问，下刑部狱。某入狱坦然，所卧为一巨榻，每日横陈其上，披览典坟，大以为便。三年，遇赦得免，狱吏来道贺，其徘徊不忍去，曰：“此间僻静，读书最佳，可惜不能终老于是。但我到此数载，有不可解者一事。”吏问故，某曰：“我尝思之烂熟，仍须请教：此榻极大，断非此门可入，是先置榻于此，而后造屋否?”吏笑曰：“然。公输子之巧，被君明眼人一口道破矣!”某曰：“岂敢，我特管中窥豹，略见一斑耳。”

读毕全文，我心头一喜，感到这酷爱读书的进士实在可爱。不料，赏析者的文章一开头就把我的欣喜之情完全败坏了。文章开门见山道："这是一篇绝妙的讽刺小说。它刻画的这个进士出身的知县，简直达到了令人啼笑皆非的地步。"（《中国古代微型小说鉴赏辞典》）不错，以功利的眼光看，这是一篇讽刺小说，论者之言也合乎小说实际。然而，如果我们用非功利的纯粹美学的心境来读小说，却能读出完全不同的神韵来。要知道，知县从上任当官，到入狱受刑，始终把尘世的功名利禄、牢狱之灾置之度外，而一心扑在书上，神游于书的知识世界，致使常人常境中该做的一切全不在心中。这种物我两忘的心态，就是审美心理的最佳状态。读者、论者若以急功近利心态阅读小说，怎能进入人物的美学心态，从而产生强烈共鸣呢？

而要有美学心态，正解知县的美学形象，就得有法律、政治、文学、美学、哲学、心理学的多种知识、理论储备。从法律、政治上看，一个知县不尽职责而沦为罪犯，通常会认为这是人生灾难。文学如实描写，理所当然——现实主义文学的反映论，会这样教导读者。超功利的美学理论，则会把读者引向静观其变，不以得失为转移地欣赏文学的淡然、高雅方向。哲学的主张是遇事要有辩证眼光，不可把文学对象看死了。心理学则讲究人格、讲究个性，进士的个性不可抹杀。就这样，一般文学家不愿多想的问题，我们在一刹那间像来了灵感一样，把什么都想到了，并调集到一起来，使意念顿时将知县这人物定位在可爱的读书人形象的位置上。

不管徐珂主观创作动机如何，我们从小说自身读出了进士认真读书、酷爱读书的美学形象，被他陶醉，为他欣喜，从而感到别有收获，这是不错的，也是难得的。两相比较，功利的评价反而会显现出隔膜、肤浅。

这个小小的例子，应当说确能启发文化学者在研究文化途中应当处理好同各种"专业"的内在关系。

怎样解读法律文化——评《行者无疆》

余秋雨在使用分类意义上的一百多个各不相同的文化概念时，出手大方，连“茶文化”、“饮食文化”都出来了，可比这重要得多的“法律文化”却迟迟不见露面。这种情况，使论者处在他本人难以意识到的学术尴尬之中：法律文化到底是否存在？若不存在，你反反复复议论它是什么意思？正是这种尴尬，让读者在阅读论者的所有法律议论之时不免失望与忧虑。尤其是发行量达到一百多万册的《行者无疆》这本书，所论欧洲各国法律文化近二十次，竟没有一次叫人满意。

正确解读法律文化的课题，应当尽快纳入余秋雨文化研究的议事日程。

一　因法律文化性质不明而导致误读

我曾先后两次发现当代文化人犯这样的法理错误：把凶手犯杀人罪的行为与司法机关处决死刑犯等同起来，简单称之为“杀人”。没有想到，在《行者无疆》中也有类似提法。该书中的《兴亡象牙白》一文写到罗马帝国历史上的暴君尼禄“杀人不眨眼”的一个具体表现是：“他杀的是自己的亲生母亲、妻子、弟弟和老师，听起来简直毛骨悚然。”再残暴的君王，也不可能无缘无故地如此“杀人”。历史事实很可能是这些人被认为犯有死罪，或犯有一般罪行而被从重判处了死刑。那么，这就不应解读为抽象的“杀人”。

《兴亡象牙白》还写到尼禄的另外一起“杀人”事件，由于文章提供了法律细节——“公元64年一场连续多日的大火把罗马城大半烧掉”，事后胡乱抓捕了一些“嫌疑犯”处死——我们就能断定这次“杀人”的法律性质，属于执法上胡作非为，滥杀无辜，放掉了故意纵火犯。假如无人纵火，而是不明原因的失火，那么火烧几天不熄，也有职能部门的失职罪责应当追究。不分起火原因就胡乱用法律名义杀人，是不可原谅的执法错误。

二　反对教皇之罪与教皇认定有罪

《稀释但丁》中大诗人但丁两次被判死刑，《城市的符咒》中萨伏纳洛拉被烧死，《围啄的鸡群》中科学家伽利略被认为有罪而作忏悔，还有《哈维尔不后悔》中布拉格大学校长胡斯也被烧死，这四起案件都与罗马教皇有关，以其法律性质而论，它们有的属于犯有反对教皇之罪，有的属于被教皇认定有罪。作为文化研究，对这两种性质的犯罪今天该如何评论，是值得讨论的。论者在这里发表的议论，需要讨论的地方不少。

中世纪的罗马教皇，反科学，反人道，拥有控制罗马以及欧洲国家的大权，用宗教法律凌驾在各国世俗法律之上。莎士比亚有一个剧本写道，英国一位国王的离婚案，要经过罗马教皇法庭的判决才能离婚。由此可知，罗马教皇所经手的上述四起案件，都可断定是冤案。

但丁为什么先后两次被判死刑？第一次，因为他作为六名执政长官之一，站在新兴商人利益一边，反对教皇干涉，故被罢官且判死刑。在流亡后，佛罗伦萨当局许诺，只要但丁肯忏悔，可赦免死刑判决。但丁加以拒绝，故又一次判他死刑。今天看来，但丁是坚决反对罗马教皇的英雄，而当年教皇则把重罪行与大功勋的界限完全颠倒了。

萨伏纳洛拉身为修道院院长，实行宗教极端主义和禁欲主义，禁止一切娱乐活动，他之所以被教皇以“异端”罪名处以死刑，被活活烧死，并不是因为他有这些今天看来的一系列过错，而是他对罗马教皇持谴责态度。

这里，有必要把萨伏纳洛拉与但丁加以区分，二者不可混为一谈。但丁反对罗马教皇，其代表的是新兴商人的利益，符合历史潮流，有争民主、争自由的人文精神；而萨氏与罗马教皇本质上是一致的，二者之间的矛盾属同一腐朽势力内部的矛盾，他谴责罗马教皇充其量是一种个人意气，没有什么进步意义可言。只不过，他并无死罪，死得有点冤。

余秋雨在评论萨氏时，颇有学术考证功夫，但他本人并无实质见解。论者指出：

> 萨伏纳洛拉在中国史学界的评价差距很大，大陆有人把他说成是被反动势力杀害的民主斗士，台湾有人把他说成是“妖僧”，这两种说法我都不敢苟同。（余秋雨《行者无疆》）

论者作过严肃考证、表态之后，来了一段评价：“看到过他的画像，黑布包头，眼有异光，瘦颊丰唇，可以想象他在修道院当众抨击文艺复兴中的佛罗伦萨时，一定很有感染力。”这是余秋雨典型的浮光掠影式的文化感悟，如此感悟用在许许多多别的场合，我们通常的感觉是空洞无物罢了，而这一回用在作过学术考证之后的郑重表态的场合，使人不免有失所望。

《围啄的鸡群》面对罗马宗教裁判所逼迫科学家伽利略作有罪“忏悔”的反科学案件的法理与哲理不置一词，却抓住忏悔词中的一句话，使用了余秋雨很少使用的硬性言辞加以无情批判：

> 这样的话无疑是一种最残酷的人格自戕，因为此间的伽利略已经不是一个忏悔者，而是“自愿”要成为一个告密的鹰犬。（余秋雨《行者无疆》）

一个囚禁多年，年过七旬的老人，加以严重关节炎的折磨，还有长途坐轿的辛劳，更有神圣不可侵犯的宗教法庭的淫威的高压，当众宣读权势者事先准备好的“忏悔书”，自然而然就有了论者视为把柄的“话”。论者不顾“话”前的一系列文化细节，单挑不中听的“话”来诅咒科学家，这不像是文化议论，倒有一股“文革”大批判的味道。

了解一下伽利略案件的来龙去脉，我们会加深对论者的文化批判的不合时宜的认识。波兰科学家哥白尼首创“日心说”，动摇了统治欧洲一千多年的地心说。意大利哲学家布鲁诺，因信奉日心说，反对教会而被迫流亡国外。1592年，被骗回国遭逮捕，坐牢八年，仍坚持自己的学术观，被以“异端”罪名烧死在罗马。1632年，伽利略发表《关于两种世界体系的对话》，再一次支持哥白尼的“日心说”，反对“地心说”，次年即以“异端”罪名入狱。“忏悔”之举，是教廷提出的交换条件，若拒绝“忏悔”就受火刑而死。伽利略内心很可能认为他还有更重要的科研活动，不妨先委屈一下自己。果然，在“忏悔”后他发表了《两种新科学的对话》。1980年，罗马教廷宣布取消对伽利略的判决。不料二十年后，论者还要咒骂已获平反的科学家。伽利略的在天之灵，会不会为中国文化学者的这种落后而顽固的病诟之辞而摇头呢？

胡斯作为大学校长，成为宗教改革的先驱，应当说是文化人在自己的职责范围做了推动文化发展的领军人物。反科学、反人道的教皇法庭自然不容忍以改革的名义来反对自己的任何人与事。胡斯在教皇的法律看来，比哥白尼、布鲁诺、伽利略们鼓吹“日心说”更可怕、更可恶，定他“异端”罪是不可避免的。对这种法理上的必然性怎么看，是今天解读胡斯死刑案的一个关键。依马克思主义的法理，这种必然性是罗马宗教法律反对宗教文化变革的反动性的表现。因此，胡斯在人类文化发展史上不失为英雄，他被处死刑是一个大冤案。余秋雨的议论，局限在宗教法庭判决自身，就事论事说：

> 教会判他“异端”，倒并不冤枉。（余秋雨《行者无疆》）

论者的意思是说胡斯反教会的言论白纸黑字，证据“明确无误”。这种肯定教皇办“异端”案件并不“冤枉”的议论，实在缺乏辩证眼光，有替教皇开脱的嫌疑。在咒骂伽利略时，论者咬牙切齿，在论及教皇烧死胡斯时却说他死得不“冤枉”，这好恶爱憎立场有倒错之嫌。

三 澳门是思考国际法的立体教材

《我的窗下》和《他们的麻烦》这两篇文章记叙了葡萄牙进入澳门几百年

的历史线索，其用意在于泛泛议论中葡两国间的“文化差异”。这种议论的对象，是葡方于16世纪初派远征船队来“征服”中国，先进入澳门的如下情形：

> 中国地方官没有国际知识和外交经验，互相都在小心翼翼地窥探。葡萄牙人先要停泊，后要借住，借住后也缴税缴租；中国官员不知道他们会不会做坏事，特地在他们的借住地外面筑了一道城墙，把握关闸大权，定期开闸卖一点食物给他们。这种情形，居然也维持了几百年，说明双方心气都比较平和。（余秋雨《行者无疆》）
>
> 鸦片战争之后，葡萄牙……单方面宣布澳门是葡萄牙的殖民地和自由港，一跃而成为欺侮中国的西方列强中的一员。（余秋雨《行者无疆》）

上面抄录的两段话，是论者对中葡两国在澳门地方相处关系史的解读，连法律字样都没有出现。实际上，这段关系史中潜藏着国际法的一系列知识，只不过论者读不出来罢了。

论者从葡萄牙图书馆的资料中，查出了两个有用的细节：一是葡萄牙人最早抵达中国本土的时间是1513年6月，二是他们正式与中国的行政机构取得联系的时间是1517年8月。二者的用处就是证明了葡萄牙人把手伸到中国本土的年月，是国际社会无法无天的混乱历史时期，故其横行霸道尚情有可原。但再过一百年，他们还赖着不走，就有违国际法了。国际法，也称之为国际公法，迟至17世纪才问世。1625年，荷兰的法律思想家格劳秀斯出版了《战争与和平法》这本书，标志着国际公法的创立，因此他有“国际法之父”的美誉。他曾谈到创立国际法的动机：“我看到人们为了一些不值得一提的理由或根本没有理由就动武。他们一旦动武，不论神的法律或人的法律尊严都被抛到九霄云外。就好像一经宣战便可以疯狂地从事各种罪恶活动似的。”（严存生《西方法律思想史》）就是说，其国际法的功能在于使国与国之间的关系从以往的混乱状态走出来，实现彼此尊重的新秩序。以此为基础，现代国际法形成了“互相尊重主权和领土完整”等五项基本原则。可见，葡萄牙人在国际法产生之后依然赖在澳门不走，就构成了对国际法的违背。

鸦片战争之后，葡萄牙单方面宣布澳门是自己的殖民地的行为，属于什么性质的“欺侮”呢？依国际法，应视为国际侵权行为，也叫做国际不法行为，应由葡萄牙承担国家责任。只是由于多种原因，国际法被架空了。

从法律角度看日后澳门回归中国，可以说是国际法得到落实的表现。

四　法律幽默

许多年来，我一直研读着中外文学作品中的法律幽默，发表了不少议论。余秋雨在《悬崖上的废弃》、《学生监狱》谈到的“好笑”的大主教、石匠的故事和学生监狱的“幽默”，就提供了法律幽默的文化素材。堂堂大主教违背教规公开有情人不算，居然与这情人生下十五个孩子，这应创下了欧洲人口出生率的最高纪录。依法囚禁大主教的原因的可笑与法律的庄严对撞之下，幽默就出来了。

石匠的七个妻子，都因为丈夫“胳肢”之下，“奇痒难忍，大笑而死”（余秋雨《行者无疆》），又是一个离奇的笑话。然而，“大笑而死”属于非正常死亡，也就有他杀的可能性，他杀的可能性意味着石匠有犯杀人罪的嫌疑。这笑话故事的严肃的法理追问与质疑不可否认。于是，故事的逗笑与法理的沉思纠缠就产生了法律幽默。

原先，我一直以为长于哲理思考的德国人大概不会幽默。读了《学生监狱》一文，才知道他们跟中国人一样，也善于玩法律幽默。海德堡大学在校区保留着一处文化遗迹，就是把一座三层小楼房命名为“学生监狱”，从一百年前使用这名称两三年过后，历经百年一直不改。这个法律幽默创下了历时百年的记录，堪称世界第一。读完全文，读者会明白，所谓学生监狱，不过是吓人的称呼而已。它当年的作用，只不过是让学生在有犯校规之后住进来反省自己罢了。学生关在这里，白天得照样去上课，上课回来也没有人看管。有学生在墙上写到：“嘿，我因顽皮而进了监狱！”（余秋雨《行者无疆》）学

生在狱中还自定了限制女生探监的三条"狱规"。看，令一般人望而生畏的"监狱"二字，在海得堡大学百年前为其输入了多少令人忍俊不禁的笑料。校方至今还正儿八经地保留着学生监狱遗迹，那初衷无非是要用极幽默的手段高扬对学生进行法制教育、依法管理的旗帜，我真想为之拍手叫好。

五　《希隆的囚徒》含义何在

余秋雨在瑞士的一个小镇上读到了英国诗人拜伦写的一篇作品，篇名是《希隆的囚徒》。他所读出的故事情节是：日内瓦的民族英雄波尼伐，被关押在希隆古堡之中受刑。他的父亲为自由的信仰早已牺牲。他的两个弟弟被捉来跟他囚禁在一起。不久，狱方处死了他的两个弟弟，而他本人则被释放了。在关押期间，他曾设法看囚室外的自然景色。这样的故事，有何文化底蕴呢？论者说："《希隆的囚徒》告诉人们：自由与自然紧紧相连，它们很可能同时躲藏在咫尺之外；当我们不能越过咫尺而向它们亲近，那就是囚徒的真正含义。"（余秋雨《行者无疆》）

在我看来，论者似乎在解读作品的某种哲理暗示，实际上远离了故事自身。依故事自身的寓意，应当是争自由的民族英雄一家，在法律看来罪大恶极，于是两个弟弟被处死在狱中。老父已先于两个儿子牺牲了。这就表明，当局的法律仇视自由，仇视争自由的英雄，属于反动法律。这跟中国几千年的法律把农民起义者蔑称为"盗贼"如出一辙。

《希隆的囚徒》属于笔者二十多年来一直喋喋不休地谈论的涉法文学，除作法律解读，就会产生误解，这是笔者长期关注并力图纠正的普遍事实。

六 是“都市逻辑”，还是法理逻辑

《都市逻辑》一文，讲了两个生动的法律细节：一是卢森堡银行对客户个人资料的保密，做得很彻底，不仅对他人保密，还对国家保密，若有泄露，银行将负刑事责任；二是在人口稀疏，交通冷清的卢森堡，即使看不到车辆的影子，人们也照样不闯红灯。关于后一细节，论者请一个德国学人作解释，竟得到了一番详细而有条理的回答。读到此处，我头脑中立即闪现出一个想法：两个细节串联着一个法律理念。不料接着读文章的时候，却看到了论者另起炉灶的议论：

> 我想，仅从上述的金融规则和交通规则两端，已大致可以说明现代的“都市逻辑”是怎么一回事了。
>
> 这些事情让人不能不深深感念启蒙运动。康德说，欧洲启蒙运动的巨大功效，是让理性渗透到一切日常生活中。（余秋雨《行者无疆》）

不能说这引经据典式的哲理议论是错误的，但如此舍近求远，放弃近在身边的法理不谈，而要绕道去讲远在两百多年前的康德的哲理，未免牵强附会。

在我看来，这两个法律细节，贯穿着一条法律规范中和法学论著中看不到的活生生的法理：执行法律和遵守法律，都要一丝不苟地落实到每一个人的日常行为上，不以任何外在条件为转移。中国当今法律规范为什么失之于一纸空文的情况天天发生，必须肯定的是我们太欠缺这种一丝不苟的法律精神了。中国当今最缺乏的不是什么抽象不着边际的“都市逻辑”，而是在看不到车辆、看不到行人条件下也决不闯红灯的法理逻辑。

怎样把文化“做大”

关于文化研究的方法，余秋雨反对把文化“做小”的提法，我很赞同。他说：“不管有多少漂亮的名号，我们都不能把文化做小。把文化做小，是一些满脑子只有政治概念的文化评论者们的专业，他们只有通过层层切割才能构建自己的‘学问’。”（余秋雨《问学余秋雨》）既然反对把文化“做小”，那么，如何才能“做大”呢？余秋雨没有作出正面回答，这就意味着他还没有来得及对文化研究的方法论作思考、发议论。为此，本文试图提供如下答案：以人为本，放眼全球，审视古今，包罗万象，择要而谈。

一　以人为本

文化是人类的特产，涵盖着古往今来的一切知识领域，像浩渺的宇宙一样，无边无际，伴随着人类告别动物界的全部征程，延续至今千万年，还将继续往今后的千万年推进。如此庞大的对象实体，只能以对人类自身的观察、思考为基本立足点，文化研究才能克服学术上专业分工所造成的所有局限性。因此，以人为本，是把文化“做大”的基本出发点或基本的学术立场。

以人为本的提法，很容易同当今学术界的热门学科——人学相混淆。自20世纪九十年代以来，人学作为新兴的人文社会科学日益发展，不仅出版有《人学词典》、《美学与人学》、《中国人学史》、《人学的理论与历史》、《人学原理》、《西方人学观念史》、《中国人学思想史》等专著，许多高校开设了“人学”课程，北京大学早在1995年就成立了人学研究中心，一些省市也成立了人学研究会。以人为本的文化研究，同人学是什么关系呢？一言以蔽之曰：人身文化的框架里可容纳所有人学的知识与理论，然而它又不限于人学研究的范畴。

例如，祁志祥的《人学原理》一书，以“人性论”、“人生观”、“人治观”、“人格观”、“社会观”五编来全面阐释人学的基本原理，其中属于人身文化范畴的东西不少，但人身文化并不等于这五个方面的知识、理论领域，而是另有其他方面的思维空间。在这部专著中，人身的生理特征，如人种、性别、先天性生理缺陷及其对人精神生命的影响等重要问题，都未曾予以关照，而人身文化研究则会将它们作为有意义的课题进行探索。

当今的法律实务与法学研究，也有以人为本的提法，但其落脚点仍在法律制度、法律文本，并非对人身文化自身作法律解读。而文化上的以人为本，没有其他任何专业的诉求，只是把人的生理的自然属性与精神的社会属性作为统一体进行思考。由此前行，一切与人密切相关的文化层面的理解阐释，都离不开人身文化思缕的贯穿。

文化人格，是文化高层之物，阐释文化人格若离开了人身文化的淀积、修炼和提升，将失之为空中楼阁，是不可思议之事。老实说，余秋雨每每强调的文化人格理想之类，就有空中楼阁之嫌。以他推崇备至的颜真卿的文化人格为例，事实并非他所指出的那样“光耀千秋”，“在中国几千年文化史上绝无仅有”（余秋雨《问学余秋雨》）。为什么？因为余秋雨只看到了在安史之乱中“颜家三十几口全部被杀害”、颜真卿以七十多岁高龄被叛将李希烈杀害的惨烈事实，而不看日后唐玄宗向叛将屈服而赦其罪的幕后交易活动。若看到了后者，那么颜真卿之死，不过是愚忠悲剧罢了，何谈什么“光耀千秋”！以人为本，意味着对人的生命的尊重，对人的人格尊严的正视。我们对颜真卿之死感受到的是被皇帝老儿愚弄的愤怒、痛心，丝毫不觉得他是见义勇为、视死如归的英雄。

二　放眼全球

文化是没有国界的、遍及全球的广泛存在，故放眼全球的宏观方法必不可少。采用此方法，意味着谈论每一个文化课题之时，应尽可能吸取全球范围内的优长，使所论在最大限度上尽可能体现人类文化已抵达的制高点。

以人身文化的资源而论，我国先秦时代的孟子、庄子在这里贡献不小，但要拿到世界范围来看，恐怕很难当做重点研讨对象了。因为，释迦牟尼在这块领地狠狠地往纵深打探，取得了在全世界遥遥领先的成果。我说的是他亲口传授的《出家入胎经》。这部经，被誉为"以人为本位的生命的大科学"，我以为不过分。在这部经中，释氏先讲解人类生殖、繁衍的一般生理学、生物学知识与原理，奠定了理论基础。接着，追溯到母腹怀胎的全过程，描述了三十八个周期的胎儿发育情况。以七天为一个周期，从第一个七天，一直讲到第三十八个七天，真可谓洋洋大观，精细备至。

李淑君运用现代医学知识，对《入胎经》作跟踪性的对比、解说，让今天的读者得以知道两千多年前的释迦牟尼在阐释人身文化上的惊人成就。例如，《入胎经·缘起》云："凡入胎者，大数言之，有三十八七日。"论者告诉我们："这点和目前西医的观点完全一致——目前胚胎学对胎儿在母体里的变化，也是以七天为一个区分阶段。"（李淑君《佛说入胎经今释》）释氏并非医生，又在没有任何科技手段的条件下先于现代医学两千多年而得知人之初的一大秘密，实在叫人惊奇万分。

再如释氏对胎儿第一个七天的描述有"状如粥汁，或如酪浆，于七日中，内热煎者"等语。李淑君用现代有关医学图谱加以对照，然后评论道：

> 释迦牟尼佛所说，不如现代医学经过精密仪器实验所观察的细密，但却不失简要、中肯。而且两千五百年前，就当时人们所能接受的概念来说，充其量也只能说到这个地步了。（李淑君《佛说入胎

经今释》)

我以为，释氏的《入胎经》和李氏的解说，为文化学研究人身文化提供了可叹为观止的丰富资料。放眼全球的文化研究方法，就是要求在每一个文化课题对象上都应当尽可能发现、运用各种文化资料，把人类各种超群出众的创造成果整合起来，便于全人类共享。

井底之蛙的学术方法，在文化学领域必须彻底废弃。

三　审视古今

这一方法的要义是研究文化必须有历史眼光。现代学者，尤其是中国当今的文化人，有切割历史的习惯，导致所论往往不值一驳。请看下列各例：

讲古代官吏进村收租逼税，就断言这是封建统治者对农民的经济剥削。殊不知，今天仍有收租纳税工作，是剥削吗？

讲官员在公堂上拷打百姓，就说成是封建统治者对人民群众的政治压迫。殊不知，今天干部拷打群众的事不在少数，是政治压迫吗？

讲梁山好汉抢劫生辰纲，就说成是农民智取不义之财。殊不知，今天的“好汉”抢劫各种货物、钱财之事，媒体时有报道，这些能称之为智取不义之财吗？

讲诸葛亮在隆中给刘备出主意，夺地、篡权，就誉之为军事天才。殊不知，今天谁敢如此，就定他危害国家安全罪，能称之为军事天才吗？

讲武松杀人，有人叫好，有人说是反抗封建统治。殊不知，今天也有人杀人，能为之叫好吗？能说是在“反抗封建统治吗”？

总之，一切割断古今历史联系，就事论事，简单定性，不负责任的议论，都不是文化研究的正道。任何堪称文化的现象，无不有其发生发展的历史过程和变化规律。除了文化史学研究以揭示、阐释变化变迁进程与规律之外，在文化学的其他分支学科，如文化语言学、文化哲学、法律文化学、比较文

化学、心理文化学等，也应有历史感，从而把从古至今延续不断的种种文化事实、现象解释得恰如其分，无可辩驳。

今天有人谈教育制度改革的必要性，往往把现存教育定性为“应试教育”。古代科举制度实行了一千多年，到清末宣布废止。这一千多年的教育，能够不为“应试”而进行吗？问题不在“应试”，而在“高考”如何考。中小学教育不能不适应“高考”的需要。换言之，“应试教育”之说，丝毫不能表述当今教育的弊病之所在。可见，审视古今的文化研究方法，在逼迫文化人寻求科学的学问之道，抛弃只顾一时发言痛快、不顾贻害久远的随意性。

四　包罗万象

文化学的对象，包罗万象。文化学以整合人类迄今为止的一切学科智慧为基本宗旨。可以这样说，目前全世界所有高等学校的一切专业课、所有科研机构的一切项目专业，无不是文化学的对象。数学上有“无穷大”的术语，天文学上有“宇宙”的概念：文化学就是无穷大的宇宙。

在文化学的无穷大宇宙里，大大小小的学科界限、专业墙壁、项目门户，全部拆除尽净，一点不剩。唯其如此，研究者的智慧触角才可自由延伸，不放过任何一点该作文化阐释的对象实体。

有人会说，这包罗万象之法，是不是要以文化学包办代替一切科学，或把文化学凌驾在一切科学之上呢？不是的。文化学无此野心，也无此权威，它只不过对人类的一切智慧感到好奇和崇拜罢了，它只不过要兼收并蓄，像百川归海一样，形成自己的智慧海洋罢了。至于各专业、学科的河流，并不因为文化智慧海洋的存在而各自改变流量和流向。

在无穷大的文化宇宙里，各门科学、专业和社会上形形色色的物质现象、精神现象，如同各种星球一样，既在这宇宙中存身，又各拥有自己运行的轨道。文化研究，就是尽观察、阐释的职责。

19 世纪以前，文化学尚未问世的漫长年代里，无穷大的文化宇宙自身是存在的，但一片沉寂，没有自觉观察与阐释的角色与声音。因此，学科林立、专业如山，各学科智慧都是盲目的存在，彼此矛盾，互相重复，顾此失彼的尴尬无法绕开。文化学之所以在 19 世纪应运而生，应当说就出于整治这类学术尴尬的客观需要。包罗万象，因而也就是文化学与生俱来的学术特质与特性之一了。

以法律文化而论，古今中外的文学、新闻、历史、宗教以及其他种文字著述中的法律信息，都极为丰富，却至今没有从宏观野角上加以整合性的梳理。文化学应当承担这一重任。

五　择要而谈

此方法在于给文化学者以充分的自主权，这是要点之所在。

所谓“择要”，指的是：一方面研究者自行选择对象、课题、话语，没有任何外来的条条框框可以左右这种选择；另一方面这“要”意味着客观需要，而不是研究者一己的随心所欲。因此，“择要”之法，给了研究者自主权，同时也赋予了时代的重任。

鲁迅的《文化偏至论》对此法的提出与运作有极大的启示意义。青年鲁迅在文化课题上的选择可以说很多，但他只选取了“文化偏至”这一点，这“择”是带整体倾向的一择，而不是鸡毛蒜皮的琐屑文化现象。再从客观需要上看，19 世纪过去了，20 世纪刚刚到来。这世纪之交，中国和世界最需要什么？鲁迅在《文化偏至论》中指出：19 世纪世界范围内的蒸汽化、机械化带来了物质文化的较大发展，随之人们的物质生活追求也膨胀起来，相形之下，精神生活委顿不展，他于是断定这是“文化偏至”的病状，应当加以针砭。为此，他针锋相对提出的救治方案是做两件事：“曰非物质，曰重个人。”

一百多年过去了，今天的文化学者的“择要而谈”，该做什么样的事情

呢？依笔者近二十几年的学术体会，救治当代中国文化人的法盲综合征，是迫在眉睫的当务之急。《当代学术研究的法盲综合征》是笔者目前很想着手的文化课题之一。它主要针砭中国当代社科学者，同时也兼顾世界社科学者的同一症状。

所有的文化学者，都可以拥有各自的“择要而谈”的题目与方法。

下编

中国文化之间

中国文化的首要特征是在“社会模式”上建立了“礼仪之道”吗

余秋雨在海外作题为《何谓文化》的演讲的时候，把中国几千年的传统文化的首要特征界定为：

在社会模式上，建立了“礼仪之道”。（余秋雨《何谓文化》）

本文认为，这是论者强加于中国文化的一种整体性误读，其问世三年以来已经产生了巨大的消极影响，对思想、学术的误导作用不可低估，应当及时加以彻底纠正。

一　语义学上的纠正为起始环节

想要纠正余秋雨的由来已久的误读，并非易事，需做很多相应的学术工作，而把语义学上的纠正功夫当作起始环节，就非常必要。

说起来，事情荒谬得几乎斯文扫地！为什么？多少年来，许多著名专家、权威学者，竟然一个个都说不清“礼”为何物。余秋雨作为文化学者，以“礼仪”来作“礼”的语义内涵，则是等而下之，错得更远。事态严重的程度表明：“礼”如同一只拦路虎，把中国当代文化人一个个咬得鲜血淋漓，而余秋雨的伤势最重，到了血肉模糊的地步。因此，讲清“礼”、“礼仪”的语义学意义，看似中小学语文老师的教学环节，实则是在文化上、学术上救死扶伤，走健康之路的一件公益大事。

请看几个例子。冯友兰的《中国哲学史》多次把礼说成是中国古代的

"整个上层建筑"。李泽厚在近年推出的《论语今译》的一条注释中说："礼是无所不包的人文现象。"易中天和于丹在电视上做节目的时候，要么尽量绕道而走，要么一见到"礼"就说成是"礼节"、"礼貌"。老中青三代四位学者对"礼"的语义学解释恰好形成了两个极端：长辈们因见多识广，有感于古人把"礼"说得天花乱坠，无所不包，因而大而化之，将其变作了能容纳一切的魔术口袋。而年轻一代学者则囿于见闻，以现代人的眼光看待有几千年历史的"礼"字，凭感觉就说成是"礼貌"之类了。

尤其要注意的是，近几年来，笔者读到了好几种专门研究古代礼学的专著，居然没有一种能够确解"礼"的核心语义。由于这种专著收集材料众多，失之于宽泛无边就成了通病。也可举一个例子。有一本合著的礼学专著说：礼，"是一个涉及政治、经济、军事、文化、行政、法律、社会、宗教、教育、伦理、习俗等方面的庞大概念。"（魏向东等《中国的礼制》）

在所列举的这些说法中，要么无限扩大，把礼说成无所不包，要么无限缩小，将礼说成是礼貌、礼节、礼仪。余秋雨属于缩小派。只要提到孔子，余秋雨就往往要讲"礼仪"二字，但并未对词义作说明。当他把礼仪之道当做中华文化首要一点特征的时候，才作了这样的解释：

> 所谓"礼仪"，就是一种便于固定、便于实行、便于审视、便于继承的生活化了的文化仪式。（余秋雨《何谓文化》）

这种说法，把"礼"说成了"礼仪"，同时又进一步把"礼仪"说成了"文化仪式"，最后弄得不知所云。那么"礼"到底是什么呢？史学大师吕思勉用一个字就把它的精神实质说得一清二楚，他说：

> "礼"就是"法"。（吕思勉《中国通史》）

不错，礼的确就是法，这种法可称之为礼法，在先秦时代就有人运用这礼法的概念。《荀子·劝学》云："礼者，法之大分，类之纲要也。"意思是说，礼，是法律的根本，可用来规范世上的万事万物。这就把礼的法律性质和社会功能说得很清楚了。《荀子·修身》正式运用了"礼法"概念，指出："学也者，礼法也。"

中国当今文化人，竟没有一个知道礼就是法，简直叫人有斯文扫地的落寞感。吕先生的上述经典解释，出现于1923年。这就是说，九十年来，它已成了绝响。从这一个小小的视孔，可以窥见现当代文化人不通法律已到了耸人听闻的程度。尤其是当代文化人，由于不通法律，不知闹了多少笑话，惹出多少错误，还能让这文化流行重病持续蔓延吗？

出现在“三礼”中的“礼仪”，指的都是礼法实施中的固定仪式，相当于落实礼法的程序法也是有明文规定的，不可为所欲为。例如，晚辈要尊敬长辈，这是礼法规定之一，而要使之落实，则另有一整套礼仪程序上的规定，用以实现在各种社交场合都敬爱长辈。拿走路时跟随长者的程序来说就是：

> 从于先生，不越路而与人言。遭先生于道，趋而进，正立拱手。先生与之言则对，不与之言则趋而退。从长者而上丘陵，则必乡长者所视。（《小戴礼记·曲礼上》）

译成现代白话，意思更明白：跟先生在一起走路，不能到路对面去与别人说话。在路上碰到先生，应快步前进，在先生面前拱手站住。先生若与他说话，就回话，不与他说话就快步退回。跟长辈上丘陵地，就要双眼朝长辈看的方向去看。

由于礼法的精神实质是维护森严的等级制度，那么这些程序化的礼仪，就是为不平等的礼法服务，同时它自身也属于礼法范畴。君尊臣卑、上尊下卑、长尊幼卑、男尊女卑、嫡尊庶卑、妻尊妾卑等，都是礼法的明文规定，与之配套的礼仪也是礼法的明文规定。余秋雨见礼而只谈“礼仪”，不谈礼法本身，实在是舍本求末，且没有谈到点子上。也就是说，论者的“礼仪”观，仅从语义学的起步环节来看，就是不能成立的误解。

二　论者误解礼法的一贯性

可能有人会辩解说，上述言论不过是一时疏忽，没有必要揪住这小失误不放。笔者以为，论者误解礼法绝不是一时一地的失察，而是一贯性的学术

偏颇的自觉表现。正因为如此，这里就必须追溯论者历来的有关议论，以便做跟踪式的分清是非的又一学术工作。

早在 2008 年，余秋雨就开始了议论礼法的文化诠释。那时候，他讲孔子向老子问礼的细节，使用了“礼乐之邦”的概念（余秋雨《寻觅中华》），未曾说明“礼乐之邦”的内涵。

第二年，在北大讲文化史的时候，“礼仪”取代了“礼乐”，紧紧跟随着孔子，一口气连讲了五次“礼仪”（余秋雨《问学余秋雨》）；接下来再一次讲孔子时，又出现了上述“礼乐”二字，并将它与“仪式”相连接，出现了“礼乐仪式”的提法，还有“礼乐社会”的提法（余秋雨《问学余秋雨》）。

又过了一年，就是 2010 年，余秋雨作上述《何谓文化》的演讲，正式提出了本文开头的引文中的见解。可见，我们认为不能成立的“礼仪”观，在余秋雨那里至少已经酝酿了整整三年之久。偶然失误的辩解行不通。

在作此演讲过后，余秋雨继续发表的相关言论越来越多。在另一次对某市市民的演讲中，余秋雨说：

> 孔子一生最看重的事，就是寻找周朝的礼仪……须知，孔子心中的“君子世界”，是一个礼仪世界，而未必是一个觉悟世界。或者说，礼仪在前，觉悟在后，已是君子。（余秋雨《何谓文化》）

就在这同一演讲中，余秋雨反复强调中国自古以来是“礼仪之邦”，认为这说法有“事实根据”——马可·波罗所看到中国百姓以礼待人的情形，然后痛心疾首地分析此后几百年“礼仪的消失”的原因，并得出了一个结论：

> 礼仪消失的主要原因，既然不是兵荒马乱，那是什么呢？是文化的误导……明清两代在极端皇权主义和文化恐怖主义下滋生的鹰犬心理，咬人谋术本来还不敢明目张胆地登上大雅之堂，等到现代从西方歪曲引入的批斗哲学、极端思维、实用主义等与本土邪念一结合，一切优秀传统中的文化礼仪迅速荡然无存。（余秋雨《何谓文化》）

到 2011 年年初，余秋雨与台湾大学生像当年一样，又有文化上的“闪问”和“闪答”，其中一“闪”是：

问：中华文化几千年，最普及又最不与其他文化重复的精神价值是什么？

答：君子之道、礼仪之道、中庸之道。（余秋雨《北大授课》）

余秋雨近四年中的所有“礼仪”言论，基本精神是自觉而一贯的，即认为中国是“礼仪之邦”，“礼仪之道”是中国几千年文化的一大基本特征，“礼仪”的消失有“文化误导”的原因。

本文以为，论者的这些广为扩散的言论对中国文化的整体性误读、误解多年来无人问津，本已属文化生活的隐忧，如今多家出版社同时再版余秋雨的著作，发行量又是很大，这就使原有的隐忧趋于强化，进而让我产生了文化传播上的荒诞意识：莫非越误读中国文化就越受读者欢迎和吹捧？转念一想，不免又自责起来：是不是笔者年迈昏聩，到了不分是非、不知好歹的地步？

三　大是大非不可不讨论清楚

无论如何，余秋雨的上述文化特征论、前前后后提出的相关言论，有着不可不讨论的大是大非。

首先，是“礼仪之道”的提法，不见于先秦典籍，应是论者的杜撰之词。学术概念是适应研究而产生的，在无现成适用者的情况下，学人杜撰概念是必要的。笔者就杜撰了“涉法文学”及其相应的若干概念。问题只在于“礼仪之道”的提法在学理上讲不通。既然“礼仪”是“礼法”之末，将末升格为“道”，而本被弃置，这舍本求末之事是学术的大忌，切不可犯之。先秦文化人从无此说，正反映了对学术的严谨精神。

其次，是把不能成立的“礼仪之道”当做“社会模式”，不知所云，又进而认定为中国文化的第一位的“基本特征”，这就是一种三级跳远式的误读结构。“社会模式”是什么？阅读原文之始，我以为是指社会形态，再看他的具

体说明，才知道不是这么回事。因为，他的有关说明文字提到了“原始社会”，这是社会形态之一，在这之后就到了文明社会了。

既然“社会模式”不是指社会形态，那么它指的是什么东西呢？非常有意思的是，在具体说明礼仪之道的时候，余秋雨闭口不谈“社会模式”的提法，却另起炉灶提出了“一整套行为规范”的新概念，又讲什么“孝文化”，还引用荀子和孔子关于“礼”的言论。只到行将结束自己解释工作之际，论者才顺便提及“社会模式”一次，行文上的这种文不对题、躲躲闪闪的做法，证明论者底气不足，他说不清楚“社会模式”为何物，只是硬拼凑出一个提法罢了。

为什么要硬拼凑？余秋雨有难言之隐。他把中国文化的特征概括为三个“道”：

> 其一，在社会模式上，建立了“礼仪之道”；
> 其二，在人格模式上，建立了“君子之道”；
> 其三，在行为模式上，建立了“中庸之道”。
> （余秋雨《何谓文化》）

为了这三个“道”的文化解释趋于完满，各有特色，余秋雨就急中生智，将“礼仪之道”说成是社会模式。可在具体讲解时又感到“社会模式”说不清，道不明，便以“行为规范”加以取代。论证、说明滑入这种偷换概念的轨道，恰恰表明了此处行文是货真价实的诡辩。

再次，论者的“礼乐社会”、“礼乐之邦”、“礼仪之邦”等提法，也都是不能成立的杜撰。乐，在先秦时代指的是音乐，出现于各种书籍的频率很高，其原因，是古人过分看重了音乐深入人心的实用功能，以为“乐”跟“礼”并用，有利于礼法的执行。这种功利过分的音乐观在社会实践中被日益证明其谬误，因而“乐坏”就是必然趋势。论者不顾这种历史趋势，硬要把“礼”、“乐”死死捆绑在一起虚构出“礼乐社会”、“礼乐之邦”的文化图像，我们虽理解其中发思古之幽情的心理，但不能接受这种理性认识结论。

至于“礼仪之邦”，正确的提法应是“礼义之邦”。近日有学者作了认真的考证工作，指出了“礼义之邦”在历史典籍中反复出现并概括出五种不同含义，而“礼仪之邦”则是一次也没有出现过。这位学者的结论是：

> 综上所述，可以断言：“礼仪之邦”的滥用是完全错误的，应当废止。（王能宪《“礼仪之邦”考辨》）

关于“礼仪之邦”在当今的滥用现象，这位学者从网上检索的结果，可顺便告诉从不上网的余秋雨：有关词条达到612万条之巨！这一惊人数据，与余秋雨近几年来带头滥用“礼仪之邦”有没有内在联系？

最后，余秋雨哀叹“礼仪”的消失，纯属自作多情。中国传统文化在中国社会现代化转型之后，其中早已退出社会大舞台的东西，难以枚举，区区“礼仪”何足挂齿。

在《向市长建言》的文化演讲中，余秋雨寸步不离又打出孔子的“礼仪”旗号，呼吁建立城市“集体礼仪”，这里也有是非之辨。孔子一生醉心的是礼法，绝对不是其中“礼仪”的一隅。误解孔子，又要打孔子的旗号，岂不是要把广大“市民”引向死角吗？再说，如今人们所说的“礼仪”只在字面上承传了古代的“礼仪”，而在实质内涵上，除了在“礼节”、“礼貌”的意义上可互相连接之外，“礼法”意义上的东西则完全是两码事，切不可等同视之。就算这里的文化观是非都澄清了，在现代化城市建立什么“集体礼仪”的实践活动，又有什么样的文化理论来做指针呢？我讲不出什么道理，只凭着文化直觉斗胆说一句：“仪式”的花架子，除了在尊重异域文化、接待外宾的场合之下采用之外，在海峡两岸的广大城乡，越少越好。都是自家人，“仪式”的庄严有损于亲人的会见与谈心，再说所造成的时间、人力、物力的巨大浪费叫人受不了。

中国文化疏于实证意识吗

在谈到中国文化的弊病的时候，余秋雨把“疏于实证意识”作为中国文化的第二大“弱项”。（余秋雨《何谓文化》）本文认为，这是对中国文化的一种整体性误读和误解。

一　中国文化具有实证意识的悠久传统

中国几千年的文化事实表明，它具有实证意识的悠久传统。无论学人将其认做弊病也好，或当做优势、特色也好，反正客观事实不容否定。

这种实证意识首先表现在中国农耕文化的脚踏实地，永远期盼风调雨顺以便有个好年成的务实精神历经数千年而从未有丝毫动摇。从神农氏教会农民种庄稼以来，一代一代农民无不日出而作，日落而息，在“种瓜得瓜，种豆得豆”，“不劳动者不得食”，“民以食为天”之类的基本信仰支撑下勤劳一生，延续至今。浮夸、空想、推理、谈玄，跟中国农民没有多少联系。至于“亩产二十万斤”之类的神话，另当别论（下文将论及），不可作为中国“疏于实证意识”的证据。

在精神文化领域，给先秦诸子各家学说均有重大影响的《周易》，集中体现了中国文化早期的实证意识达到了登峰造极的程度。它的基本思维方式就是从天地间的各种自然现象、动物植物的生存状态出发，以模拟的各种“卦象”将其定格、复制，再从中联想、推测出人类自身和社会群体该如何应对的种种结论。这也就是中国特有的归纳思维模式，亦即是实证思维模式。《周易·系辞下》对此有明确的论述："古者包牺氏之王天下也，仰则观象于天，俯则观法于地，观鸟兽之文，与地之宜，近取诸身，远取诸物，于是始作八卦，以通神明之德，以类万物之情。"还有一段类似的说法是："是故《易》者，象也；象也者，像也。象者，材也；爻也者，效天下之动也。"用后世的哲学语言概括这种实证意识的总体特征，叫做"格物致知"。

尽管这种"格物致知"并非用现代科技及手段来研究宇宙间的万物，揭示它们的物理、化学、生物结构与变化规律，甚至整部《周易》都充满了非科学的迷信色彩，但它由天地日月、花鸟虫鱼的客观对象物引发关于人与社会各种问题的思考路径，是典型的实证意识方式，抽象逻辑推理的东西，仅止于联想、比附的中介层次。余秋雨认为中国文化缺乏实证意识，这意味着一笔勾销了《易经》标志的中国上古文化的总体特征，也一笔勾销了后世学人专门研究《易经》的汗牛充栋的学术成果，谁能容忍！

孔子、老子、庄子、墨子等文化名家，之所以乐于谈天说地，大讲天道、天时、地利之类，提出了天人、真人、法天的人格理想和治国方略，正是因为他们都从《易经》的实证思维方式受到启迪。讲故事，说笑话，用寓言，打比方，摆事实，成为先秦君子发一切议论的共同手段。听其言，观其行；言必信，行必果；自我反省，将心比心等，是他们为人处世的一些基本法则。所有这些都体现着中国文化的实证意识的特色。

先秦诸子争鸣告一段落之际，大诗人屈原以他的《天问》一口气提出了一百七十多个问题，把当时流传的三皇五帝以来的天文、地理、历史、神话以及各种人物的经历、命运等话题，一一提出质疑。诗人并没有提供答案，他只是以求实的精神追问理性认识的疑点，表现的仍然是先秦时代文化人强烈的实证意识。

可以说，从《易经》，经由诸子，再到《天问》，中国文化早在先秦时代就形成了实证思维方式与实证意识的传统。又经过千年积累和演化，到清代终于出现了实证意识复兴的新文化景观。其标志的文化事实，是清代学人把"辨伪书"当做学界一件大事来做，取得了可观的成绩。梁启超的《中国近三

百年学术史》对这件事做了专门研究，并用这样的指导思想指引着他的全部工作过程。他说："无论做哪门学问，总须以别伪求真的基本工作。因为所凭借的资料若属虚伪，研究的工作就算白费了。中国旧学，十有九是书本上学问，而中国伪书又极多，所以辨伪书为整理旧学里头很重要的一件事。"从事辨伪的学者、方法、成果以及伪书造假的十种表现形式等，都被条分缕析道来，学术文化上的实证意识展现得淋漓尽致。

近现代史学研究上实证主义方法曾风行一时，也应是中国文化上实证意识传统得到发扬的又一个证据。20世纪二十年代，胡适、顾颉刚等将考据方法运用于文学史、中国通史研究，进行疑古辨伪、考据求真，俨然形成一种学派。童书业以其《春秋史》的问世，成为该派后期的一员干将。《春秋史》分正文、考证两部分，正文部分约十六万字，考证部分竟有三十万字。其推崇实证方法的急切，由此可见一斑。皮锡瑞的《经学历史》一书，由周予同注释，注释文字比正文字数还要多。这样的学术著作，真可谓字字有来历，句句见真功。

二　与实证意识相伴随的弄虚作假现象

不可否认，中国文化的实证意识有一个紧紧伴随的黑影，它就是弄虚作假的文化现象。生活中的谣言、市场上的假货、学术上的伪书、报表上的假数字、媒体上的假新闻、形形色色的诈骗案、伪证罪、诬告行径……叫人防不胜防。但不能因而认为中国文化不具备实证意识传统。相反，倒应当用求真务实的科学态度去追问弄虚作假的根源何在，寻找救活的途径。如此坚决反对弄虚作假，所体现的正是中国文化实证意识传统。在这一点上，梁启超对中国古代伪书发达原因的解释以及伪书出现的历史线索的提示，颇有学术价值，可供文化学者进一步研究作导航之用。他说：

"好古"是中国人特性之一，什么事都觉得今人不及古人，因此出口动笔都喜欢借古人自重。此实为伪书发达之总原因。历代以来，零碎间作之伪书不少，而大批制造者则有六个时期：其一，战国之末，百家各自立说，而托之古以为重……其二，西汉之初，经秦火后，书颇散亡……其三，西汉之末，其时经师势力极大，朝政国故，皆引经义为程式……其四，魏晋之交，王肃注经，务与郑康成立异争名；争之不胜则伪造若干部古书为后盾。其五，两晋至六朝……其六，明中叶以后……自余各朝代都有伪书，然不如这六个时期之盛。（梁启超《中国近三百年学术史》）

梁启超的这一大段话，反映了他在学术史的研究上突破了预定的“近三百年”的计划，把中国古代学术造假的整个历史都置于探究范围，同时还注意到“辨伪书的工作由来已久”，从汉代开始至清为止，历代辨伪不断，“入清而此学亦盛”。梁氏学术史的《辨伪书》这一部分，共数千字，记录了清代学者在辨伪学问上的理论见解与实践成果。若正视这样的学术史实，恐怕就讲不出“中国文化缺少实证意识”这样的话了。

余秋雨用来证明自己的论点的一个重要证据，是明代档案材料中的统计数据不准确。这种证据能证明什么呢？我从一本讲中国人口的书上发现，西汉、东汉、西晋、隋、唐、宋、元、明各朝都公布有人口统计数据，都精确到了个位数，似乎准确得很。然而仔细一看，从西汉至明代，一千几百年，中国总人口居然一直没有增长。作者质疑道：“这是不是一笔糊涂账？”对此，作者进行了讨论，并把中国古代人口调查制度与罗马进行比较，把从事过专门研究的一位学者的成果引进这种比较，最后强调了这位老学者的结论：历史上古代中国人口调查制度，“毫无疑问是资本主义时代以前世界各国中最先进的，甚至在某些方面的规定比之资本主义国家更完备严密得多。”（姜涛《人口史话》）

这一结论，道出的中国文化的一个实情，恰恰与论者的“疏于实证意识”相反，中国文化至少在人口统计的求实精神上胜过了西方许多国家，并有制度作保证。

至于其他数据不准确，如明代档案材料中的数字有假，“大跃进”中的

“亩产二十万斤”之类，还有当今各地每年都有统计数据造假的新闻报道，都应具体问题具体分析，不能简单化地用来证明“中国文化疏于实证意识”的观点。大跃进的浮夸风，不知刮出了多少虚假数字，这是历史性的结论。至于当今总有人造假数字，那是急功近利、互相攀比思潮惹的祸，将其披露出来，就是与之斗争的方式之一。

三　方舟子的打假功不可没

当余秋雨一味张扬当代中国造假成风，使“中国文化在这个问题上形成一个奇怪的局面”之时，我不禁联想到多年来坚持不懈打假的文化英雄方舟子。一位青年学者给我们概括了这位打假文化英雄的业绩：

从 2000 年开始“专职”打假以来，方舟子打的大小假达一千余起，其中多是有头有脸的“老虎”。这些“老虎”每个都有着自己庞大的势力，挟朋友、学生无数。再加上和方舟子翻脸的朋友及“得罪”方舟子的“不良记者”、“不良法官”们，方舟子的确树敌众多。

当然，支持方舟子的人也许更多，他主办的“新语丝”网站每日访问量超过十五万，新浪微博粉丝有三十五万之多，博客访问量已达两千七百多万（截至 2010 年 10 月 1 日）。……在支持者眼中，方舟子是“打假斗士”、“科学警察”，甚至称他是“网络鲁迅”和“中国人的脊梁”。2010 年年底，他更是获得了……众多荣誉。（张守涛《说说当今这些文化名人》）

这里所概括的中国当代文化上造假与打假的斗争情形，跟上述梁启超所披露的学术上自汉至明的一千多年中的造假与打假历史风云，遥相呼应，一脉相承，又一次证明论者的“中国文化疏于实证意识”的说法抹杀了客观事实。

方舟子一人打假，为什么引起几十万、几百万、几千万网友的注目和支持？这是因为中华民族原本就是求真务实的民族。尤其是广大工农群众和有良知的文化人，厌恶的正是撒谎、骗人、弄虚作假的行径。唯有利欲熏心的政客、不学无术的文人、金钱奴隶的奸商才大肆说假话、办假事，用谎言虚构政绩、学绩和名牌商品，以达到名利双收目的。方舟子和他的千万粉丝，就是要以自己的行为和态度，来阻断这种害人害己的人生歧路。

论者的轻率说法，有损于方舟子和他的千万粉丝所标志的打假事业，有损于中国文化的打假实践传统，从整体上误解了中国文化的特征。

为深化今天中国文化上的打假事业，笔者有一个想法：在学术文化上应当区分事相的造假同事理的有假这两码事。方舟子所做的事情，属于打击文化事相上的造假，如造假学历、造假政绩等，这些都是外在的可以触摸、见闻的文化现象。所谓事理的有假，指的是文化人、学者、专家在真实的论著中不仅没有追求、传播真理，反而弄出了谬误，被当做成果、真理加以认同，加以推广。这种内在的事理有假，在当今学术文化中的存在，我以为达到了触目惊心的地步，必须正视和救治。

关于这种文化事理、学术事理有假的严重性危害性，将在专文中讨论，这里不多说。

中国文化的弊病之一是疏于法制观念吗

十多年来，余秋雨有一种坚定不移的文化观，就是认为中国文化缺少法律。当年我偶然看凤凰卫视，恰巧看到了余秋雨讲冰岛文化，他以对比方式，大讲冰岛的法律石故事，反复回味中国文化，表示中国文化缺少法律元素。后来，又从《行者无疆》一书中读到有关文字表述。在《寻觅中华》的文集中，有“中国文化与西方文化相比，还缺少法律意识”之说。尤其在最近出版的《何谓文化》一书中，类似言论再次出现，并升级为中国文化的弊病之一，接着有这样的正式结论：

> 中国文化的第三个弱项，是疏于法制观念。（余秋雨《何谓文化》）

我以为，“弊病”、“弱项”云云，都不符合事实。

一　提法本身含糊其辞

首先要指出，余秋雨的这一提法本身，有些含糊其辞。

既然给中国文化把脉治病，就应当明确病症所在，这才好对症下药。余秋雨反复讲诸如此类的话，给人的感觉是病很严重，却又没有弄明白到底是哪一种病。

中国的法制事实，不外乎以下几种：一是自古以来的立法事实，表现为制定和颁布法律规范，自战国时代李悝的《法经》问世后，历朝都有成文法典制定和颁行天下，一直到清代《大清律例》为止，无法确指官修法律规范文本到底有多少；二是中国法制发展的历史事实，包括有法制的沿革的线索、规律之类，表现为法制史的编写活动，例如二十四史中都有《刑法志》；三是历代法律在社会生活中实施的情况，它反映在几千年的文学作品中，唐代产生报纸后又反映在新闻作品中，凡含法的文学、新闻现在都习惯称之为涉法文学、法制新闻；四是民间百姓和文化人对法律的意识、思想，出现了有关格言、谚语，尤其是出现了二十多个著名的法律思想家，如孔子、庄子、韩非子等；五是中国佛经中含有大量法律信息，更有专门的戒律类经典，它们与人间法律关系密切。请问：余秋雨的所谓“弊病”、“弱项”指的是上述哪一项事实？无论你怎么定位，都将是徒劳。因为，中国法律事实丰富，应有尽有，根本没有任何缺项、弱项事实。当然，中国法律确有不足，这另当别论。

若要认真讲，余秋雨在这里闹了一个大笑话。中国法律以其自成系统，对周边日本、朝鲜、越南等国法律有明显影响而被称之为中华法系，与英美法系、民法法系、印度法系、伊斯兰法系齐名，受到各国法制学史学界的高度关注。“疏于法制观念”之类若被法律界人士闻知，岂不让人笑掉大牙！

那么，中国境内自古以来就绝对没有“疏于法制观念”的事情吗？有，但这不是中国法律自身的事情，而是文化人身上的病症。说白了，历代文人中有对法律所知甚少者，甚至一窍不通的法盲为数众多。这种法盲通病和痼疾，对于解读涉法文学作品所造成的巨大损害，可以说触目惊心，再也不可等闲视之了。以研究文化现象著称的余秋雨对此若无其事，反过来倒是十几年如一日地声称中国文化自身有缺乏、疏于法律之类的毛病，真是匪夷所思！

二　“武侠小说”的论据站不住脚

余秋雨用以支撑自己的结论的第一大论据是武侠小说。他说：“中国至今最流行的文学，仍然是武侠小说。武侠小说在艺术手法上颇多佳笔，但在文化观念上却一定在颂扬‘法外英雄’。”（余秋雨《何谓文化》）这种论据能证明余秋雨的结论吗？完全不能。理由很简单：用武侠小说颂扬法外英雄，属于作家个人的法律修养和艺术手段问题，并不是中国文化本身有什么不足之处。

早在先秦，中国武侠之风就很盛行。其对抗法律，危害社会的危险倾向，常常受到法家代表人物韩非的斥责。在《韩非子·五蠹》中，“侠以武犯禁”的定论，至今仍正确无疑。《韩非子·八奸》篇指出，作为人臣“聚带剑之客，养必死之士以彰其威”，是对国家的八种“奸术”之一，国君非审察、防止不可。所谓“带剑之客，必死之士”，就是武侠和犯有死罪的武侠。法律和法家人物将武侠置于非法地位，就不能说中国文化在颂扬武侠。

到了汉代，司马迁的《游侠列传》一开篇就引用韩非的话：“儒以文乱法，而侠以武犯禁。”司马迁解释道，这两句话都意在讽刺。上面谈到的法盲的一代又一代文化人著书的法律错误，无不属于“儒以文乱法”的性质；而武侠的触犯刑法，司马迁同样认为不可取，但他对侠客的讲信义，不怕牺牲的精神颇有好感。这就引出了一个理论问题，就是武侠在某种正义感的冲动下犯罪，不能简单说是歌颂法外英雄，而应在法律与道德的范畴中研究和阐释二者的相互关系。余秋雨将问题简单化，再强加到中国文化头上，认定是中国文化的一种弊病的证据，自然是不妥当的。

试看武侠小说大师金庸的一系列武侠小说，所有出场的大侠们，几乎都有人身伤害、杀人、投毒害人致残致死的劣迹。请看下列事例：

《碧血剑》所写，仅小小的袁承志其人，身边就有“七八具尸体”；

《雪山飞狐》中的商鸣剑，杀了金面佛的两个兄弟，一个妹子，一个弟媳；

《射雕英雄传》中的欧阳锋，伙同杨康窜入桃花岛，一举杀了江南七怪中的五个；

《神雕侠侣》中的郭靖夫妻，杀害了杨过的父亲，郭芙一剑砍掉杨过一只胳膊；

《飞狐外传》中的凤氏父子杀害钟阿四全家后逃走；

《倚天屠龙记》在凶手大肆杀人后，借人物之口，讲出了“适才所杀的数人都是死有余辜，罪有应得”的“理由”；

《天龙八部》中的慕容复，杀了自己的部下，又杀了段正淳的四个情人；

《笑傲江湖》讲到总镖头林震南一家人被青城派杀得一个不剩；

《鹿鼎记》的主人公韦小宝，弄瞎了老太监海大富的眼睛，又害死了小太监小柱子，从此冒名顶替小柱子无恶不作。

这些极不完全的事例，足以证明金庸小说世界的所有侠客，“以武犯禁”的法律印记是不可磨灭的。——准确评价这些人物及其罪行，将会使法律与道德的关系问题得到极广泛、深刻的阐释，同时也能清楚看到金庸武侠小说在表现法律思想意义上的经验与教训。余秋雨看不到这里的法律文化的复杂表现，而是极表面化地以“颂扬法外英雄”的只语片言视之论之，自然就达不到他用以证明中国文化弊病云云的最终目的。

有极力肯定，支持金庸的论者扬言：“法律管不着你。哪怕杀人如麻，大侠们也没有通缉逃亡之苦。”本是作为教训的东西，被论者当做了正面经验，实在是大大有违几千年的法律文化传统，容易导致思想混乱，不可不予以纠正。余秋雨的武侠小说观的失误，也在该如此纠正之列。

三　所谓“转化”的论据不能成立

余秋雨的又一个论据，是拿“水浒好汉”与“北欧海盗”作比较，认为后者经历了从“家庭复仇”到“理性审判”的痛苦过程，而在中国——

这个转化迟至现代才开始，但在文化上却一直没有真正的开始。（余秋雨《何谓文化》）

在余秋雨看来，这个论据“也与中国法制历来的弊病有关”。实际上，这个论据是他的凭空想象，根本不能成立。笔者的《法说水浒传》书稿认为，《水浒传》的基本主题是罪与罚，故在水浒好汉犯有杀人、放火、抢劫、投毒、打人致死等罪行之后，往往跟着的是官府缉拿案犯、升堂审判、实行处罚等执法活动。令人失望的是干打雷，不下雨，真正不打折扣的依法处罚之事，几乎一件也没有。这就证明，从犯罪到审判，是形影不离的关系、怎么说没有实现“转化”呢？尤其要注意的是，这种“转化”就发生在小说文化之中，故余秋雨关于文化上的“转化”一直“没有真正的开始”之说，是臆断之词。

从“家庭复仇”到“理性审判”的转化，涉及到刑法起源的理论。刑法理论界有一种共识，认为刑法起源于上古的家族复仇和同态复仇。进入文明社会的一大标志，就是国家刑法取代了家族复仇和同态复仇，从此任何意义上的报复杀人都属于恶性犯罪。炎黄子孙的文化发展史，雄辩地证明了刑法起源理论的真理性放之四海而皆准。炎帝与黄帝之间的大战、黄帝与蚩尤之间的大战，并非现代意义上的两国军队的交锋，而是以血亲为纽带的原始部落相互间的报仇雪恨式的械斗。在这血流成河的惨景里就孕育了最初的刑法：禁止大规模武斗。若要动武攻打某一个集团对手，就一定要有充足的理由，即是认定对方有罪。这种情形，从《尚书·甘誓》、《尚书·汤誓》可窥见一斑。夏启要军队去攻打有扈氏，就在战前的军事动员会上造舆论说：“有扈氏不敬上天，又不爱朝臣，上天因此要消灭他。如今，我奉行天的旨意，前往讨伐他的罪行。”同样，商汤前往讨伐夏桀之时，也开战前动员会，对将士们声称：“不是我胆敢犯上作乱，实在是因为夏王罪行很多很重，上天命令我去消灭他。”如此师出有名，用武力攻打有罪之人，意味着野蛮时代的家族复仇的混战行为的结束。刑法的惩治犯罪，禁止任何复仇打斗的文明精神，由此就一天天发扬光大了。

显然，中国的“家族复仇”到“理性审判”的转化，至迟可以追溯到夏朝建立的时候。余秋雨无视这样的文化史实，我们非常遗憾。

以上两个事例，出自被学人称之为“信史”的《尚书》，证明在夏商的现实生活中已实现了从“家族复仇”到“理性审判”的转化。下面再看文化上的“转化”也早在先秦时代即已发生，远非余秋雨所说的“文化一直没有真正开始”这一“转化”。

话说庄子所编造的一个寓言故事。柏矩向老子学道，请求出游外地，终于获得许可。他到了齐国，看到一具被处以死刑的尸体，就脱下自己的衣服，盖到了尸体上，然后一边号啕大哭，一边发表了哭诉式的演讲：“你呀，你呀！天下有大灾难，就是当强盗造反，就是行凶杀人，你遭遇了这样的灾难，这才丢了性命。有荣辱观念，看到了追求目标就会犯病；财富聚集在一起，看到了以后就想夺过来据为己有。如今犯人所犯的病，是占有人所争夺的财富，弄得人身都免不了的困乏，无休无止，于是被这一切逼迫得成了罪人，其危害程度仅次于强盗和杀人。古代君子，把得让给百姓，把失留给自己；让百姓有理，使自己受委屈。稍有不慎，就反省自己的过错。如今的社会风气却不同，法律隐晦百姓弄不明白，禁令太严不敢犯罪还是免不了犯罪，刑罚太重承担不了还得去承担，法令的要求太遥远而达不到，处罚也就跟着来了。老百姓力气有限，硬是人为跟上去。虚假风气日益增强，臣民哪能不弄虚作假！力量不够就造假，智慧不够就欺瞒，财力不够就偷盗。盗窃之类的罪责，到底该谁来负呢?”（《庄子·则阳》）故事中的死刑犯，本已依法审判后处死，这意味着一起罪案的罪与罚过程已经结束，然而庄子仍不放过，又让柏矩出面在深表关爱之情的前提条件下，发表了一番法律演讲。以演讲词

的内容而论，是对世上现存法律和犯罪关系的精彩文化解释，亦即是，余秋雨所说的文化意义的犯罪向理性审判的转化。

说到底，余秋雨的所谓“转化”，实质上就是罪与罚的关系。“家族复仇”，即犯罪行为；“理性审判”，即法律判决与处罚。如果硬要谈论“转化”问题，那么只有在研究人类社会从没有法律的蒙昧时代如何过渡到产生了法律的文明时代才真正具有理论意义。离开了这特定的学术场合，“转化”云云，实际上是没有学术意义的文字游戏。处于同一历史时期的北欧海盗和水浒好汉，都早已是法律文化相当发达的中世纪，根本不存在所谓“转化”问题。二者的区别在于北欧社会对海盗的依法判决和处罚效果较好，而中国对于水浒好汉的法律判决基本上都半途而废，最终他们全部上了梁山泊，逍遥法外了。余秋雨用所谓“转化”的概念来指称本来很简单、很具体的法理问题，这样做名为阐释文化，批判中国文化的弊病，实为做毫无意义的文字游戏。此一论据，除了证明论者不通法理，别的东西一点也证明不了。

四　“民间法庭”论据的运用事与愿违

余秋雨用以论证“弊病”、“弱项”的又一论据，是所谓的“民间法庭”。他认为：

> 中外历史都证明，世间一切“民间法庭”都是对法律的最大破坏。

这一论据，这一说法，不仅证明不了余秋雨的结论，反倒又一次暴露了他不知中国法律文化史的一大基本特征的“弱项”。中国文化的家本位的特征，造成了法律文化摆脱不了家族势力的掌控，于是乎全国城乡凡有家族势力控制的地方，无不在国法之外制定了种种家法私刑。一旦发生了刑事案件，家族内部通常不到官府报案，而是私自以家法私刑论处。这也就是“民间法庭”现象。中国几千年的封建社会的家法私刑或民间法庭往往是各级政府认可的，并将其视为对国家法律权威的一种重要补充形式。瞿同祖的《中国法律与中国家庭》一书，对此有详尽论述，本文从略。由此可知，论者的论据不仅不能证明他极力张扬的“弊病”、“弱项”结论，反倒歪曲了中国法律文化固有的特征之一。

当然，余秋雨的“民间法庭”有其具体的针对性，这就是一些攻击他的文人把自己的起哄、围攻称之为“民间法庭”。我认为，这种现象应视作中国当今法制不够健全，未能把文化人之间的民事纠纷纳入有效法律机制予以判处。文化阐释者面对这个问题，当取这样的表述角度和方式。余秋雨没有把握这一契机，而是笼统归咎于“民间法庭”，又认为是对法律的“破坏”，于是造成了旧的法律问题没有说清楚，又引出了一种法制史上的认识错误，这就是错上加错了。

不错，当今中国社会上仍有古代的家法私刑或“民间法庭”的不小市场。民间以金钱、物质、名誉、地位作为交换条件，私下了结各种刑事案件的事情，时有发生。这自然是有违当今法律的，的确是对当今法律的破坏。然而，这类不尽如人意的现象是当今法制建设大道上的路障之一，绝对不可以今论古，将其用以证明中国古代文化“疏于法制观念”的论点。因为，这样做的不当在于违反了起码的事理逻辑和法理逻辑。

五　中国文化在法律上真正的弊病

话得说回来。既然谈到了中国文化在法律上的弊病，那么就应当究明真正的病症何在。这里讲中国文化在法律上的真正弊端，只不过是个人心得罢了，绝不是什么定论。

古老的中华法系弊病不少，最突出的有三个方面。首先，皇权大于法律，各级官员的权力总在干扰法律，致使法律在运作过程中落空，形同一纸空文。当今，古老的中华法系早已退出了历史舞台，然而权力滥用干扰转型以后的

新法律的现象，可以说一如既往，未曾有多少大改进。因此，当代作家对于权力滥用干扰法律的焦点问题花费了不少笔墨。笔者在大量阅读的基础上，先后两次在自己的论著中专门讨论这一问题，此处不多讲。

其次，也是更重要的一点，中国古代法律始终没有把人当做人对待的民法规范和民法精神。古罗马的法律中有“人法”，是关于人的权利和能力、人的法律地位的法律。中国古代一直没有“人法”，到清末法律改革中有编制民法的动议，但还没等到有什么作为，清朝就灭亡了。到20世纪三十年代初，民国政府出台了民法，依然没有“人法”，而是用“家”取代了“人”，即在“家”的名义下表述民法法条，“人”在法律中依然未能挺身站立。家本位的思想真顽固不化。

新中国的《民法通则》直到1986年才出台，其首次用法律形式规定保护人的各种人身权——生命健康权、姓名权、名誉权、荣誉权、肖像权等。

最后，法制宣传、法学研究上有理论脱离实际的严重倾向。法学家们无不把全部精力放在法律的学理解释上，至于各部门法律能否执行、执行效果如何，他们几乎都不过问。《法理学》虽然讲到法律的实施、实现问题，但依然空泛，不过问法律在现实生活的落实。

余秋雨的法律“弊病”论同这些真正的毛病丝毫不沾边。若保持沉默，也就罢了，可他偏要高谈阔论，于是引出了一大堆是非，授人以柄，可惜可叹。

怎样理解中国文化的中断与转型

中国文化的中断与转型，是中国文化史上的两个关键性问题。不可思议的是，文化学者余秋雨对明摆着的两大关键问题漠不关心，却大谈中国文化没有中断，这就等于说他的文化研究偏离了学术正道，在朝没有学问可做的地方一个劲儿往前奔走，实在叫人放心不下。

一　论者在没有学问可做的地方反复做学问

笔者曾在别的文章中批评过余秋雨在没有学问可做的地方硬要做学问的偏执，本文所谈可以证明，他的这种吃力不讨好的文化研究，并非偶然失误，而是一种反复出现的不良倾向。

中国文化自身本来不存在“没有中断”的事实，可余秋雨自认为有这事实，并且总是致力于寻找这种臆想事实之所以存在的原因，这就是在没有学问可做的地方硬要反复做学问的表现。

类似例子，至少有四个。第一例，在给北大学生讲文化史课的时候，有谈孔子的场合，余秋雨说：

> 我认为中华文化作为古文化唯一留存到今天的重要原因之一，就与他的名字有关。（余秋雨《问学余秋雨》）

认为孔子的名字有使中华文化不中断的神奇功能，这简直如同神汉、巫婆念咒语，哪有丝毫学术味道！论者日后意识到这一点，故《北大授课》的

新版本删去了这段话。

第二例，在讲完《女娲补天》和《精卫填海》这两个神话故事之后，论者大加发挥说：

> 把这两种精神加在一起，大概就是华夏文明能够在所有世界古文明中唯一没有中断和灭亡的原因。（余秋雨《寻觅中华》）

补天与填海两种精神，确有哲理意味值得引申与阐发，但拿来解释根本没有的文化现象，岂不是瞎联想，乱发挥么？

第三例，为了强调儒家中庸之道的重要性，论者仿佛在运用数学公式解方程式一样，照例搬出大同小异的答案：

> 我认为，中华文明之所以能够成为人类几大古文明中唯一没有中断和消亡的幸存者，有很多原因，其中最重要的秘密就是"中庸之道"。（余秋雨《何谓文化》）

第四例，余秋雨在汶川大地震之后曾赶赴现场，于是对他一直耿耿于怀的老问题又产生了情境性的新感受：

> 这种现场感受使我得出了一个推论：中华文化为什么能成了全人类唯一没有中断和湮灭的古文明？必然与一次次灭顶之灾的守望相助有关，可惜没有被朝廷史官们记录下来。（余秋雨《山河之书》）

以上四个事例极其有力地证明，论者凭空捏造出一个中国古文化没有中断的事实，并把它当做一个说不完的话匣子，一有适当机会，就拿出来发表相关文化议论。我相信，若不立即阻断这种不良学术习惯，他今后还会在别的场合继续找第五种、第六种原因！

为彻底纠正这种学术失误，消除其多年来的极其广泛的负面影响，本文不能不大声疾呼：论者以上的全部议论，应当宣布作废！

二 中国文化有中断三千年的历史

中国史学界的共识，是中国文化史以炎黄二帝为始祖，至今共有五千年的历史。现代考古学以七千多处文化遗迹的发掘出土的大量文物证明，这种共识不符合历史事实，严重抹杀了中国文化在炎黄之前的三千年文化史。

据余秋雨《考古上海》一文提供的资料，在他的家乡浙江余姚近年发掘的田螺山文化遗址，迄今有八千年历史，稍后的是河姆渡文化遗址，也有七千年历史。这样，七千处文化遗址的依时序排列，足以显现三千年文化史推进的线路。仅以其中最著名的十多种而论，就形成如下粗线索：

田螺山文化	上限为公元前六千年
河姆渡文化	上限为公元前五千年
仰韶文化	上限为公元前五千年
红山文化	上限为公元前五千年
马家浜文化	上限为公元前四千七百年
大汶口文化	上限为公元前四千五百年
良渚文化	上限为公元前三千三百年
马家窑文化	上限为公元前三千年
龙山文化	上限为公元前二千八百年
屈家岭文化	上限为公元前二千七百年
半山—马场文化	上限为公元前二千五百年

仅这十多处文化遗址，就足以填补炎黄二帝之前三千年的文化史空白，

有的还延伸到炎黄二帝之后。我在想，文化学者如果能够到所有七千多处文化遗址进行现场考察、实物探看，然后从中寻求彼此衔接、转化、互相影响、消失的原因等，一定能够把一段三千年的文化史轮廓描绘出来。据我的初步印象，成熟的农业生产，是所有这些文化的鲜明共同点，因此，我想把这三千年文化史基本特征概括为四个字：农业根基。而这三千年文化的总体可称之为谜语文化，其意思是说，七千处文化遗址所提供的出土文物，构成了宏大的谜面，而谜底不清楚，需要学者经过研究揭示出来。"农业根基"的共同特征，可作为破解谜底的一个总提示，一把开门的钥匙。

考察上述表格中的十一种文化出现的上限，可看到一个有趣的现象，这就是：从总体上来看，这些文化分支各有其中断、消失的具体时间，对今天来说，它们都是解不开的文化之谜，然而从时序的依次推进来看，却可以认为中国文化在彼伏此起的波浪式进程中得到延续。换言之，炎黄之前的三千年文化史，具体表现为七千多处文化波浪式前进的历史，而不是中华文化在这三千年中的一次性中断和消亡。上述图表，把这种波浪式中断和消亡的历史特征体现得相当清晰。正是因为如此，我才认定综合研究这七千多处文化遗址及其各种文物，这三千年的文化史大体轮廓不难描述出来的。

困难的地方只在于因为没有文字记载，这三千年的精神文化如何，除了从文物作推测，别无他途。还有一种遗憾，就是这三千年中是否在每一处文化遗址都曾出现有对中国文化传承起过重大作用的著名文化人物，不得而知。鉴于这样一些困难和缺失，这三千年的谜语文化史总体上只能是物质文化史，精神文化恐怕就难以构成完整的发展史了。

了解到中国古代这三千年断断续续的文化史实之后，再看余秋雨的上述"没有中断"论及其四大原因的说明，更显示出他硬做无事实依据的学问的无聊。为什么这样说？因为，他的《考古上海》一文，对于他从前一直不曾谈到的这三千年文化也发表了不少意见。如果是一位严谨的文化学者，他在发这些新议论的时候，一定少不了反省与之相左的既往言论。可他没有这样做，依然是理直气壮发高见。于是乎，把两类意见放在一起的时候，读者就不免大为反感了。

曾一再宣称中华文化“没有中断”的论者，在谈“考古”的场合，就顾不得从前说过的话，大讲“戛然而断”、“消失得那么突然”、“来无踪去无影”一类的话，同时还为“良渚文化崩溃的原因”作了各种“推测”，共有“生态原因”、“战争原因”、“信仰原因”等。

读者有理由问：这些新出炉的文化议论，同论者的上述四个实例中的言论，有水火不容之势，该如何面对？论者的老办法只有一个：上什么山唱什么歌，到什么场合说什么话，这些歌与这些话若彼此矛盾，一概置之不理！论者如此做学问的不良习惯，是否该改一改呢？

三　中国古代文化的转型

中国文化史学的一个重要任务，是对中国古代文化在近现代的转型问题作学理的探讨，例如这一转型发生的历史时期、原因、转型后的新文化区别于古文化的实质何在，都是应当弄清楚的重要问题。余秋雨作为文化学者，本来在这里可以大有作为，他却没有什么作为，这就叫读者大为失望了。余秋雨本人也承认了这一点。他说：“近年来我应邀到海内外各地讲述中华文化史，总是截止于清末，再顺带讲几句近代。但是，几乎每次，都被要求多讲一段中华文化的现状和未来。”（余秋雨《寻觅中华》）

我以为，论者厚古薄今并非仅在文化史，他本人看重的《中国文脉》一文同样如此截止于清末，似乎现当代无文脉可言似的。

推测一下，论者厚古薄今的学术心理原因，在于有意避重就轻。中国古代文化的现代化转型问题，难度很大，不容易讲清楚。论者擅长于发表情境性的感悟和浮光掠影的议论，这两种文化言论对于解开古代文化的现代化转型难题，一点也不管用。

我注意到，已经有文化学者开始面对中国传统文化的转型难题了。在一本《比较文化学新编》中，有这样宏观性的概述：“20 世纪是中国文化发展

的关键时期，从1919年的五四运动起，中国传统文化面临多种冲突：来自西方欧美资本主义国家的民主政治与自由经济，来自马克思主义（主要是十月革命后苏联的马克思主义）思想的影响。1949年以后，中国走上了社会主义道路，历经50年发展，特别是改革开放以后，成为世界经济强国之一。大陆与港澳台地区虽然社会政治制度有所不同，但是基本上坚持了共同的文化传统，这是必须肯定的。但是它们之间又有文化转型的差异。”（方汉文《比较文化学新编》）在我看来，这段话如同一份研究大纲。文化学者要想谈清海峡两岸传统文化如何转型，比较它们的异同，作出令人信服的分析和论证，应当是一个可观的学术工程，难度大，话题多，不下大功夫是完成不了的。

说到这里，我们对余秋雨的文化言论又有所非议。他对当今文化转型的问题，似乎没有一点意识，并且对于一般性地议论当代中国文化都感到很困难，于是采取一贯性的回避态度，不加谈论，万不得已，就谈自己主观的见闻与感想来打发读者。他的原话是这样讲的：

> 一个研究者要高屋建瓴地论述当代是很困难的，唯一可行的是从自己的个人感受出发。

如此打开话匣子之后，果然开始回忆自1949年至“文化大革命”的“中国的当代文化”（余秋雨《寻觅中华》）。按上述文化学者提供的大纲来研究中国文化转型的课题，对余秋雨来说连想都没想过。笔者无意于强人所难，只是觉得他在该做学问的地方知难而退，而在无学问可做的地方却大做文章并非学问之道。

什么是文字狱

明清两代的文字狱，是大家都听说过的文化史实，在《中国法制史》一类的教科书中，对此都有专门论述。余秋雨作为文化学者，曾两次论及，其基本观点是：文字狱是明清两代的文化专制主义的产物，起于朱元璋，到雍正、乾隆年间达到了登峰造极的地步，从而成为中华文化衰落的原因之一。(参见《寻觅中华》和《问学余秋雨》)

我以为，现有这些论述都缺乏法律哲学睿智。在法学家，法律意味被解读了出来，但也仅仅是就事论事，自我束缚，不尽如人意。余秋雨的解释，连法律意味的基本解读功夫都没有，同样就事论事，自我束缚。在消解所有自我束缚的理性绳索，纵观两千多年的有关文化史实之后，一个富有法律哲理意味的结论就必然出现。这个结论就是：比干、屈原是中国文字狱的第一个、第二个受害文人，从此历代不绝，到 20 世纪的“文化大革命”，这支逐渐扩充的受害文人的长长队伍，已经数不清有多少人了。

一　文字狱的三大基本特征

中国文化史上的第一起文字狱，应当是商纣王处死比干的大冤案。纣王上台后沉湎于酒色，臣子们多次劝说无效。比干很着急，就又一次直言进谏，恼怒的纣王这回开了杀戒，说：“我听说圣人的心有七个孔，果真有这种事吗?”于是下令处死比干，挖出心脏来仔细看。就这样，商纣王用冤死者的鲜

血写下了中国文字狱史的恐怖开头的第一页。

从比干的不幸遭遇，可看出日后被称之为文字狱的文化现象，早在呱呱坠地的时刻，就拥有与生俱来的三大基本特征：一是原本清白之文人，却偏偏被认定为罪人；二是文人（文化人）唯一的工具——赖以创造文化，传播文化的语言文字，成为整治他们的武器或借口；三是一旦被认为有罪，轻则革职、坐牢，重则流放、处死。比干身上，这三大特征一样也不少。

列于第二位的文字狱，应是诗人屈原两次被贬官、流放，最后投汨罗江而死的屈辱事件。屈原最初以“明于治乱，娴于辞令”深受楚怀王欣赏，成了怀王的近臣，参与商议国事，接待国宾的重要活动，还奉命起草楚国的法律。怀王的另一近臣、屈原身边的小人上官大夫，借机进谗言说：“您让屈原起草法律文本，大家都知道，每当某种法令出台，他就居功自傲，说什么‘不是我没有人能做这件事。’”怀王大为恼怒，从此就疏远了屈原，并罢了他的官。

顷襄王继位后，以其弟子兰为令尹。子兰也是个小人，对已被流放的屈原仍不放过，唆使上官大夫又向顷襄王打小报告进行诬陷。于是，屈原又流放到江滨。一渔夫问起罢官、流放原因，诗人的回答是：“举世混浊而我独清，众人皆醉而我独醒，是因见放。”

屈原的遭遇以及自投汨罗江而死的结局，给当时文坛的直接影响是以大诗人为鼻祖的宋玉、唐勒、景差等以辞赋见称的文人们，都“终莫敢直谏”。

这就是中国文化史上的第二起文字狱的始末。作为三大特征的东西，在这里也暴露得很清楚。首先屈原无任何罪行可言，硬被认为是罪人，且这种荒唐透顶的认定经历了父子相继的两代君王之手。其次，诗人的语言天赋不仅在文学创作中大显神功，在其从政活动中也起到了他人难以企及的作用，然而小人们竟从这里捅刀子，企图置诗人于死地。最后，把罢官、流放的法律处罚强加于无辜之人，造成罪与非罪界限的大颠倒。

文字狱的这三大基本特征，既反映了中国法律自古以来自身缺陷以及实施中的流弊，又反映了中国文化人很难避免的厄运的必然性和规律性。以人为本的文化研究，强调文化积累为文化人格的理论倡导，若无视这三大基本特征，不仅会导致文字狱这一具体文化课题的难产甚到胎死腹中，更严重的是将使人文社会科学众多学科寻求新突破的企图和努力付诸东流。例如，法律人呼吁的当今司法改革的公平、正义方向的进一步明确和坚定，必须有全方位的理论支持，从而把少数有良知的法学家的个人舆论倡导逐渐变为全体法律人的自觉行动，变成全社会法律运行的实践性方向和目标。文化上的文字狱研究所得，将对此有良多启示与教益。仅此一端，就足以显示本文所谈文化课题的极端重要的理论意义和实践意义。

二　中国文字狱史的线索

依上述三大基本特征，沿着时序的步履前行，可寻觅到中国文字狱史的大致线索。继屈原含冤屈死之后，第三起文字狱如同异峰突起，叫人一下缓不过神来，这就是秦始皇的坑儒事件给人造成的莫名惊恐印象。说来真是可笑，坑儒之前，秦始皇就预先定下了猜想式的罪名："有人用谣言迷惑百姓(或为妖言以乱黔首)"（《史记·秦始皇本纪》）。按秦始皇长子扶苏的说法，这些儒生"皆诵法孔子"，即是在《论语》里讨生活的文化人，根本没有犯什么法。这个野蛮皇帝连儿子的话也听不进去，就把他打发到北方监视别人去了。就这样，四百六十多名儒生被活埋于咸阳。

第四起文字狱的受害人，就是记叙上述三例文字狱内幕的司马迁本人。李陵以五千兵力抗击匈奴时，因寡不敌众而投降。大为恼怒的汉武帝召集官员讨论此事，会上落井下石，一致责斥李陵。问及司马迁，他作了辩护性的发言，因此汉武帝认为司马迁有罪，将其囚禁三年多，并施行了腐刑。

司马迁连做梦都想不到，在他身后的汉代末年，出现了曹操这样一个制造文字狱的专家。其主要劣迹是：

（一）于是罚琰为徒隶，使人视之，文辞色不挠……遂赐死。（《三国志·魏书》）

（二）初，太祖性忌，有所不堪者，鲁国孔融、南阳许攸、娄圭，皆以恃旧不虔见诛。（《三国志·魏书》）

（三）桢以不敬被刑，刑竟署吏。（《三国志·魏书》）

（四）太祖叹曰："吾悔杀华佗，令此儿僵死也。"（《三国志·魏书》）

曹操并非皇帝，却利用皇帝的名义为所欲为，故本文称之为制造文字狱的"专家"。他坑害的这些人中，唯娄圭不是文人而是武将，似乎身份不符合文字狱的特征，但考虑受刑当时的实际，仍然没有疑问。娄圭是曹操少年时代的朋友，后来在荆州起兵，不久与曹操会见，被任命为大将，但不让他带兵打仗，而是陪伴左右说话。从河北到冀州，都是如此。后来，曹操跟他的儿子们出游，娄圭也是随行人员之一。他对左右的人说："曹家父子，今天真是快乐呀！"有人就此打小报告，曹操一听，认为是对自己心怀仇意，就将他处死了。

其他几个都是文人，除了言语不慎，行为不恭，都根本无罪可言。崔琰只不过对杨训的文章随意点评，被传话的小人诬称对曹操不满，将其逼死。孔融被处死还要陈尸示众，他有如此重罪？否。建安十三年（公元 208 年），孙权的来使见到孔融，孔融可能言语带刺，曹操得知就下了毒手。许攸也是曹操少年时代的朋友，后帮曹操得冀州有功，于是跟曹操相处时很随便，有时连曹操的小名阿瞒都喊出来了。曹操表面认同，心中却恼火。一次，许攸随曹操出城门，对身边人开玩笑说："这家人，如不是我，就不能出进此门。"许攸就这样付出了生命的代价。刘桢丢掉性命说起来同样荒唐。有一回，曹操的二儿子曹丕宴请文人，酒酣之际，命夫人甄氏出来会见客人，"坐中众人咸伏，而桢独平视"。这就是所谓的"不敬"。曹操从这里又找到杀人的由头。至于把一代名医华佗整死在狱中，只不过是他不愿给曹操治病罢了。后来他的一个儿子得了绝症，这才后悔不该杀华佗。

余秋雨的《遥远的绝响》一文，开出了一张魏晋文人被杀害的名单：

何晏，玄学的创始人、哲学家、诗人、谋士，被杀；

张华，政治家、诗人、《博物志》的作者，被杀；

潘岳，与陆机齐名的诗人，中国古代著名的美男子，被杀；

谢灵运，中国古代山水诗的鼻祖，直到今天还有很多名句活在人们口边，被杀；

范晔，写成了辉煌巨著《后汉书》，杰出的历史学家，被杀。(余秋雨《山居笔记》)

不言而喻，他们基本都是文字狱里的冤魂。唯有谢灵运，因“谋反”罪而被处死，不属文字狱。

为期仅三十多年的隋代，似乎不甘落后也留下一笔文字狱的黑色记录，这就是诗人薛道衡，因“忤逆”隋炀帝而被杀害。

唐代近三百年间，文人动辄得咎的案例层出不穷。初唐四杰中，王勃出仕后两次被罢官，骆宾王任县丞一类小官时坐过牢。武则天当政时，宫廷诗人沈佺期和宋之问都曾被贬谪荒远之地。武三思仰仗他姑妈武则天的势力，指使县令段简迫害辞职还乡的陈子昂，使这位富有创造革新精神的诗人冤死狱中。

大诗人李白在安史之乱中坐牢再流放的经历，当做一起文字狱，应无人反对。当时永王李璘以抗敌平乱相号召，邀请李白参加幕府。应邀为官不久，在李家子夺父权，兄弟相斗的混乱之中，李璘被消灭，李白因而也成了罪犯，先在浔阳坐牢，出狱后又判处流放夜郎，后遇赦得还。

另一位大诗人杜甫，在当谏官的头一个月，因上疏营求房琯的罢相，触怒唐肃宗，差一点丢性命，从此一再遭贬斥。他所遭遇的东西，可称之为无形的文字狱。

大诗人白居易，同样遭受了文字狱坑害。有凶犯把右丞相武元衡杀死在大路上，整个京城为之震惊不安。白居易率先上疏，请求立即逮捕凶手，以洗刷朝廷耻辱。当时的宰相认为，白居易的做法，超越了自己的本分。就为这件事，白居易从左赞善大夫贬为江州司马。后来，白居易的母亲坠井而死，白居易写了《新井篇》，又被认为有罪，再次降职。

韩愈在任监察御史时，因上疏请免徭役赋税而被认为犯罪，贬为阳山令。后升任刑部侍郎，又因谏迎佛骨，触怒唐宪宗，几乎被处以死刑，幸裴度等

人营救，才改判贬为潮州刺史。

如果说韩愈被定罪是因为尽职尽责的奏疏中被抓住了词句上的把柄，多少还有一点由头，那么柳宗元的被贬官，则没有任何语言文字上的把柄和由头，仅仅只是政治斗争的旋涡将他裹挟进去罢了。顺宗即位，王叔文等人掌了大权，柳宗元是其成员之一。不到七个月，王叔文集团在宦官与旧官僚的联合反攻中失败。柳宗元无条件成了牺牲品，贬为永州司马。出于同一原因遭贬官的还有诗人刘禹锡。

南唐后主李煜，与其说是政治家，不如说是多才多艺的文艺家。是此，在宋灭南唐时被俘获，送到汴京过了两年多的囚徒生活，最后被毒死之事，因合乎文字狱的三大基本特征，认为是中国文化史上的一起独特的文字狱，可得到读者的认同。换言之，李煜本身无罪可言，只是因为改朝换代，上一代国君就自然而然被取代者认为有罪了。《虞美人》、《浪淘沙》等传诵至今的作品，就产生于他沦为囚徒之时。

到了宋代，仕途上的文人依然笼罩在文字狱的阴影之中。欧阳修因直言敢谏，一再遭到诬陷和贬斥。王安石官至副宰相，积极推行新法，受旧党的反对，屡次罢相，屡次起用。后退休，新法全部废除，致使王安石忧愤成疾。

宋代文化人中吃牢狱之苦最深重的当推苏轼。元丰二年（公元1079年），他作诗讽刺新法而入狱，后贬为黄州团练副使。到他五十九岁那年，新党再度执政又不放过他，先后被贬到惠州和琼州。苏轼在海南岛居留了三年，后遇赦才北归。

南宋中叶有一派诗人被文学史家称之为江湖诗人。杭州的书商陈起，把江湖诗人的作品印成一本诗集《江湖集》。有人发现集中诗作有讥刺朝廷倾向，就将陈起定罪流放。不是文化人，却受到了文字狱的罪，此案不失为文字狱史上的一支小插曲。

文天祥作为南宋灭亡之际的朝廷高官和诗人，被元军两度捉拿，入狱四年，最终被害死的命运，颇类上述李后主。故他应是中国古代特殊形式的文字狱的又一个受害者。他同样无罪可言，只因为改朝换代，后来居上的元人就势必将宋人视为罪人了。这种情况，跟在和平年代的文人硬被扣上罪犯的帽子并无本质区别。

明、清两代的文字狱，因前人讲得很多，这里仅补充说一件案子：余秋雨在《流放者的土地》一文中详细谈到顺治皇帝亲手办的“科举案”，正、副主考被斩首，十八名试官被绞死，八个考生每个杖八十，他们的家属、亲人全部流放……其实也是典型的文字狱。

接下来该说的是封建专制统治灭亡之后，民国政府以及后来“文化大革命”所出现的文字狱。前者，可以《左联五烈士》被杀害为代表。李求实、柔石、胡也频、冯铿、殷夫五位左联作家，于1931年2月7日被国民党政府秘密杀害于上海龙华。

“文化大革命”中的文字狱，花样翻新，无计其数。从维熙、张贤亮入狱、劳改的大冤案，为大家所熟知。张志新为反对极左政治错误，敢于宣传真理，却惨遭割喉，再遭杀害，一时期引起文化界大震动。下面两个实例，抄录自余秋雨的文章：

> 我在学术界的忘年之交、杰出的中国戏剧史专家徐扶明教授当年看了“革命样板戏”之后发表了一句口头评论：“《红灯记》、《智取威虎山》不错，《海港》不太行”，被人揭发，也加上了“攻击革命样板戏”的罪名，关押了一年多。
>
> 1967年上海市民都知道一宗天底下最荒唐的冤案。郊区某镇一个茶馆里有一位农民故事员在讲述革命样板中的故事《智取威虎山》，这本来也算是最革命的事情了，哪晓得他的讲述中没有照搬“革命样板戏”的台词，而是稍稍做了一点比较有趣的发挥，便认定是“歪曲革命样板戏”，逐级上报。最后的判决是张春桥作出的，实在让人毛骨悚然：枪毙。(余秋雨《借我一生》)

“文革”中，类似的文字狱还可列举不少。当代作家们在反思“文革”的文学作品中，文字狱案例不胜枚举，这显然取决于现实生活的实际情形。

三　文字狱的法理讨论

在勾勒出中国两千多年的文字狱史的线索之后，沉思历史教训，深入讨论积淀的法律痼疾，实在太有必要了。笔者意识到的有这样几点：

第一点，不计其数的文字狱，全部是冤假错案，因时过境迁，从来没有昭雪的机会。如今从学理上加以纠正，无数冤魂的在天之灵，或许有一点安慰，后世之人也可放下心来稍感平静。

第二点，文字狱在法理上的病症，是完全颠倒了罪与非罪的界限，使清白无辜的文化人受到了法律追究与处罚，从而使法律从打击罪犯的武器变质为伤害合法民众的邪恶势力。这种质变，历时两千多年始终未能受到遏制，表明中国社会的法律监督机制的缺乏或软弱无力，从而形成了中国法制史上的一大逆流，黑浪滚滚，触目惊心。当今司法的公正，日后法制建设的发展，都应永远以断绝文字狱的黑根源为一项基本任务。

第三点，以制造文字狱的原因而论，权力的滥用，是两千年始终没有变化的关键。在古代，滥用的权力是王权、皇权、政府官员之权，而在当今则是各级党政领导的权力、各级职能部门权力以及司法执法机关的权力。甚至连村长、小组长、临时负责人……各种不起眼的小小权力，都可能为制造冤假错案发挥破坏性的决定作用。

正确行使的权力，是法律得以落实的必备后盾。因之，无论在理论上还是在实践上，正确认识和处理法律与权力的关系，是避免文字狱以及一切冤假错案的一个焦点问题、一个关键之所在。

第四点，文化人以创造、传播、沟通文化信息为业，言论自由权对他们如同生命权自身。在古代，法律上的一大空白，就是未曾留心官民的言论自由权。如今既有法律保护公民言论自由权，那么大家的期盼就是有关法律的真正落实。

中庸之道到底是什么

余秋雨谈论文化有一个不大好的习惯，就是随意运用各种不同概念指称同一对象实体。这样的行文造语，猛一看思想活跃，文理曲折有致，然而再仔细看就发现这里有漏洞、有疑惑。这个习惯，在他的“中庸之道”论里尤为突出，故读完全部有关言论，依然不明白他到底在说什么。

一　游移不定、前后矛盾的多种说法

中庸之道到底是什么？余秋雨的答案有七种之多。

其一，认为：“孔子哲学的中心——中庸之道。”（余秋雨《问学余秋雨》）

其二，认为：“中庸之道是反对极端主义和单边主义的一种制衡哲学。”（余秋雨《问学余秋雨》）

其三，借用孔子的话，说：“孔子把中庸之道看成是最高最广的道德。”（余秋雨《问学余秋雨》）

其四，余秋雨说：“我一直认为，中庸之道，是 21 世纪建立世界新秩序的最佳哲学，可惜很难让外国人领会。”（余秋雨《问学余秋雨》）

其五，余秋雨紧接着上一说法又说：“我还认为中庸之道加上君子之道，是儒家的灵魂所在，也是中华文化的灵魂所在。”（余秋雨《问学余秋雨》）

其六，在谈到中国文化的特性的时候，余秋雨的看法是：“在行为模式上，建立了中庸之道。”（余秋雨《何谓文化》）

其七，余秋雨说："中庸之道是一种整体思维方式。"（余秋雨《何谓文化》）

就这样游走不定，叫人相信哪一种说法呢？或者说，这七种说法都正确，全是应有的正确解释呢？

更有趣的是，余秋雨一方面反对把中庸之道说成是折中主义，而在反对的同时又在运用折中主义，并且不止一次地如此前后矛盾。请看下面两段奇文：

> 中庸之道是反对极端主义和单边主义的一种制衡哲学，我估计，你们的父母一辈，甚至祖父、祖母一辈，都会有人误会中庸之道不分是非地搞折中，是谁也不得罪地和稀泥，这完全搞错了。人类太容易走极端了，能不能在两个极端之间找一条最有分寸、最恰当、最合适的路？（余秋雨《问学余秋雨》）

> 我特别需要提醒年轻学生的是，要认识中庸之道的意义，首先要认识极端主义的祸害。我们在说极端主义的时候，不能完全指称那些恐怖主义分子。实际上我们每个年轻人都有可能沾染极端主义的思维。（余秋雨《问学余秋雨》）

这两段话的开头和结尾，实质上是在以折中主义解释中庸之道，这是无可否认的。因为折中主义哲学的突出特征除了调和、混淆是非界限之外，还有反对走极端、追求不偏不倚的中正之态。既然认为中庸之道反对极端主义，那么就等于把中庸之道解释为折中主义。余秋雨却在如此这般解释之后，竟立马强调说，将中庸之道理解为折中主义，"这完全错了"。没有想到，指责别人"完全错了"的话音刚落，余秋雨就又回到开头所讲的"中庸之道反对极端主义"的话题上，再一次反对自己，强调中庸之道同极端主义势不两立。

可以认为余秋雨的七种不同说法以及前后矛盾的逻辑错误，证明他根本没有弄明白中庸之道到底是怎么一回事。

二 “中庸”二字的语义解释必不可少

我以为，从格外垂青《中庸》的朱熹到大讲中庸之道的余秋雨，还有许多谈论此道的学者都未能圆满、正确解释中庸之道的一个基本原因，是对“中庸”二字没有作出中肯的语义解释。大家习惯于望文生义，结果刚刚发议论就出错。一般的解释，都无外乎是：中，中正、平和，不偏不倚；庸，平常，普通。孤立地看，这字面解释并不错，但很容易误导读者，容易误导论者自己。梁启超的《三百年学术史》、蔡元培的《中国伦理学史》都认为中庸之道是折中主义，就有望文生义的教训。

在这里，语义学的解释包括两种工作：一是分别解释“中”、“庸”各是什么意思，二是要进而指出“中”与“庸”合称的指向何在。后一种工作尤为重要，恰恰被学人所忽视。中，指内心世界所要达到的精神境界；而庸，则指外表形体所应当有的模样：平平常常，普普通通，丝毫没有故作姿态的样子。一个人内心修养无比美好，而外部形体却跟普通人一模一样，这就叫中庸之道。说实在的，解释工作做到这一步，看起来平常无奇，却真正把握了中庸之道的关键，能使人们一下看出：中庸之道根本不是什么折中主义，更不是什么反对走极端，而是人们修身、养性、处世的一个基本原则。

简言之，“中庸”二字的实质性的字面意思就是：内心要中，外表要庸。抓住了这八个字，解释中庸之道的任务就完成了一半。另外一半任务，即使不去完成，也不妨碍正常的文化信息交流活动。

“中庸”在《论语》中仅出现一次，后世的《中庸》一文，由孔子的基点出发，对“中庸”做了全方位的开拓，从而形成了中庸之道的全部理论建构。因此，破解中庸之道，就得仔细研读《中庸》全文。

我读《中庸》的基本收获之一，就是明白了上述八个字的要诀：内心要中，外表要庸。文章有两个地方涉及这要诀。一个地方是文章第一章结尾所

说："喜怒哀乐之未发，谓之中；发而皆中节，谓之和。中也者，天下之大本也；和也者，天下之达道也。"这里所谓"中"，是内心意识到了"天下大本"即世上的各种文化精髓。这里的"和"是人的外貌表现，要有节制，不可放任。另一个地方，是文章的最后一章，即第三十三章开头所说。文章先引用《诗经》的诗句"穿锦衣时，外加罩衫"，接着发挥说：之所以如此，是因为锦衣的色彩太显眼。再往下，文章用对比方法指出：君子应内慧外庸，小人却内心空虚，外表华丽。我对中庸之道的八字要诀"内心要中，外表要庸"就是整合这两个地方的文章而提取出来的。

说到此处，应强调指出：这八字要诀所指内心与外表，并非同等重要，而是以"内心要中"为主，以"外表要庸"为辅。因此，《中庸》全文着重讲的是内在文化修养。故中庸之道的全部难解的文化真谛尽在一个"中"字里面。

三　中庸之道与君子之道整合的理论阐释

孔子作为儒学的创始人，功劳之一是倡导了君子之道的人格理想，并从一般生活经验中经常谈论君子与小人的区别，尽管具体语录不少，如"君子坦荡荡，小人长戚戚"、"君子和而不同，小人同而不和"、"君子求诸己，小人求诸人"、"君子怀刑，小人怀惠"、"君子喻于义，小人喻与利"等，但毕竟没有上升到理性的认识，缺乏理论的深广度。《中庸》的作者鉴于前辈掌门人的欠缺，就下大功夫做了尽可能有的开掘工作。其理论成就，集中到一点，就是将中庸之道与君子之道整合为一种完整的人格理想，并从理论上进行多方阐释。

领悟《中庸》全文的理论构架和内涵，可抓住以下几个要点。

第一，以其总体而论，它表述的君子之道与中庸之道的相互关系，是二者既相对独立，又合而为一。相对独立时，君子的对立面是小人，而中庸则是区分君子与小人的综合性理论标准。《中庸》第二章借用孔子的话，明确指出：“君子中庸，小人反中庸。”在不考虑小人的前提下，君子之道与中庸之道是合而为一、难以分割的，即君子之道就是中庸之道，中庸之道就是君子之道。儒家的人格理想的特色与内涵，就集中体现在二者的这种合而为一的表现形态上。

这种人格理想，如同精神的太阳，只能沐浴其光辉与温暖，想接近它、触摸它、完全落实它，难上加难。孔子本人曾反省自己，自责离君子之道有四个差距。他说：“君子之道有四样要求，我一样也没有做到：所求的儿子要侍奉父亲，我没有做到；所求的臣要侍奉君，我没有做到；所求的弟要侍奉兄，我没有做到；所求的对待朋友，要先付出心血，我没有做到。”（《中庸》）

第二，这种人格理想内部的理论结构包含若干层面，而礼法思想至关重要。《中庸》的第十八章、第十九章、第二十章、第二十七章、第二十八章等都讲到了礼法，内容包括礼法产生的缘由、执行礼法的重要性、依法办事的动作程序等。这样做，深得孔子的礼法思想的精神。孔子的基本思想，就是礼法思想。“仁”，虽在《论语》中出现了一百多次，但孔子把“仁”落脚于“礼”，指出：克己复礼为仁。因此，儒家的人格理想若抛弃了礼法思想观念，就等于抛弃了魂魄。

第三，这种人格理想有厚重的道德层面。《中庸》第三章，用孔子的话概括指出，中庸是最高道德准则，百姓做不到是由来已久的事情。第九章具体分析了这最高道德准则，意味着全面修养和运用智、仁、勇三种德，单单做到某一点，就不能称之为中庸。第十七章提示出中庸之道所看重的德，具有伟大、崇高属性，是一种“大德”，小恩小惠行径是不可取的小人之道。

第四，这种人格理想尊重自然规律，主张社会行为应当按自然规律办事，符合天的意愿。《中庸》第二十六章所提出和解释的“天地之道”就是自然规律，认为这种自然规律博、厚、高、明、悠、久，有难正确认识和揭示的神秘性。唯其如此，人类往往做了违背自然规律的蠢事还不知不觉。第三十章孔子总结尧舜治理天下的根本经验，就是“上律天时，下袭水土”。这是按自然规律办事的形象化说明。

第五，要想按这人格理想塑造出一个个杰出人才，有种种行之有效的做法。

由于中庸之道内涵丰富，要求极高，一下面面俱到，是不可能的，故《中庸》强调一个"择"字，意思是实际行动中可先择善而行，逐步扩大修炼的范围。《中庸》第七章、第八章、第九章，都讲到了如何"择"的人和事以及相关道理。

按这崇高的人格理想修炼自己，如同万里长征，不能坐等，不能空想，只能一步步地慢慢前进；又如同攀登高峰，不要望而生畏，只能一步一个脚印往上推进。《中庸》第十五章讲的就是这一道理与做法。

说到这里，再反思余秋雨所有谈论中庸之道的言论，不仅失之于游移不定，还把君子之道与中庸之道分割开来，又对《中庸》的丰富内容未作分析，于是只剩下一些空洞标签到处张贴不已。到头来，我们还是不明白他的实质性看法到底是什么，甚至是越读余秋雨的一系列有关言论，就越糊涂。

四　关于中庸之道的功能

余秋雨对中庸之道的误读，还有一个突出表现，就是无限夸大中庸之道的功能，把它说成是挽救中华文明、避免中断和消亡的神秘力量之一。他说：

> 我认为，中华文明之所以能够成为人类几大古文明中唯一没有中断和消亡的幸存者，有很多原因，其中最重要的秘密就是"中庸之道"。（余秋雨《何谓文化》）

> "中庸之道"在一次次巨大的灾难中起了关键的缓冲作用、阻暴作用和疗伤作用，既保全了自己，又维护了世界。（余秋雨《何谓文化》）

这一段话，完全不顾中庸之道是儒家的人格理想的理论表述的基本事实，以夸大其词的方式，把一家之言、一派之语视为保证全中国文化顽强生存的神奇精神力量和物质力量，看成了文化救世主，真可谓耸人听闻。若果真如此，我们一定能在《中庸》的字里行间找到证据。这是起码的论证工作。说到这里，笔者不得不再一次仔细阅读《中庸》全文。结果依然是如上文所说，《中庸》全文的主要内容在于对儒家的君子之道做全面、系统的理论阐释。说到它对实践的认识，无非还是用以修身、齐家、治国、平天下而已，别无花样。至于余秋雨所说的抵抗灾难中的“缓冲作用、阻暴作用、疗伤作用”，不仅没有任何字样出现，就连近似的说法也找不出来。

是不是《中庸》一书问世之后的两千多年来，它被广泛学习、领会、运用，这才一次次在灾难到来的时候使其潜在的三大“作用”发挥出来了呢？若是这样，如此伟大的文化现象势必被历代文化人以各种方式记录在案，公之于世吧，可是我们并没有见到任何相关文字表述。

以历史眼光看，中国文化几千年不曾中断、灭亡的事实，原因只有一个，就是尽管神州大地内忧外患接连不断，从炎、黄二帝互相拼杀血流成河，到《中庸》问世后的几百次农民起义，再到世界列强入侵，再到抗日战争，还有军阀混战和三年的解放战争，以及为期十年的“文化大革命”，无不风起云涌，失去平静，但没有哪一回是把矛头对准中国文明、中国文化，硬要把它消灭，使它中断的。既然没有这样的遭遇和风险，那么中华文明和文化安然无恙走自己发展、变迁之路，就是自然而然的事情。闭眼不看外部事实，偏要在意识领域节外生枝，另外去找什么原因，岂不是多此一举，自讨麻烦吗？

“做学问只能在有学问可做的地方下工夫。否则，那学问就成了卖弄。做学问必须尊重事实。否则，那学问就成了自吹自擂。”这是笔者几十年才悟出的一条学术之道，也是文化人应有的“修身”基本功。《中庸》全书明言强调君子“修身”的地方，有六处之多，其中一处把“修身”置于治理国家的“九经”之首，另一处则指出用礼法作为“修身”的基本内容（参见《中庸》第二十章）。我的体会是，当今的文化人的“修身”也应当提高到治理国家文化秩序的高度来认识，法律因而也该作为“修身”的必修课。不然，做学问就会出现上述“卖弄”、“自吹自擂”的毛病。

什么是“格物致知”

在我看来，“格物致知”是中国文化几千年来相沿成习的一种基本思维模式或习惯，广泛运用到了人文社会科学的各个领域。因此，研究中国文化而冷落“格物致知”是不可思议的。余秋雨的文化论著，仅在提及朱熹的哲学时，捎带了一次“格物致知”（余秋雨《寻觅中华》），并未当做一个专门文化课题来对待。

本文拟专门讨论“格物致知”并非纯粹出于借题发挥，而是因为发现余秋雨有一处文字对古代文化存在若干误读，而这种误读的总根源都可归结为对“格物致知”这一古老思维习惯的失察。这样，就不能不把余秋雨的一大段话抄录如下：

> 中国城市的寄生性从反面助长了“种瓜得瓜，种豆得豆”式的简单农业思维。在农民眼中，不直接从事农业生产而拥有财富的人，大抵是不义之人，因此需要定期地把自己直接生产的财富抢回来，农民起义军一次次攻陷城池，做的就是这件事。中国农民历来认为，在乡间打家劫舍是强盗的行径，而攻陷城池则是大快人心的壮举……许多城里人都是从乡间来的，他们也对城市生态产生怀疑，有一种强烈的“客居”感，思想方式还是植根于农业文明。一个最浅近的例子，是直到今天小学语文课本里还可能收录着宋代张俞的那首绝句：
>
> 昨日入城市，
> 归来泪满巾；
> 遍身罗绮者，
> 不是养蚕人。

照这首诗的逻辑，只有让养蚕人穿着遍身锦罗，种田人独享一切农产品才算合理。“遍身罗绮者，不是养蚕人”是一种极其正常的城市逻辑，一点也不值得惊异，但让农村眼光的人看来却曾产生如此强烈的情感反应：竟然是“泪满巾！”首句“昨日入城市”非常确实地点明了诗作与城市的对立情绪，很有文化研究的价值。（余秋雨《山居笔记》）

这一大段话可议之处颇多，且只谈其中有违中国文化“格物致知”思维习惯的三种表现。第一种表现，“种瓜得瓜，种豆得豆”，不是什么“简单农业思维”，而是中国先民创造农耕文化的漫长过程中“格物致知”的思维方式不自觉的反复运用所得出的规律性认识之一，寄寓着世世代代农民的朴素人生观：不劳动者不得食。《诗经·魏风·伐檀》声讨“不稼不穑”、“不守不猎”的“君子”，正是这朴素人生观的艺术表达。张俞的上述四句诗，继承和发扬的文化传统，正在这里。

第二种表现，是论者没有看到，张俞的这四句诗的抒情主人公所运作的就是“格物致知”的思维方式。其诗标题为《蚕妇》，诗作以蚕妇亲身进城做小生意的见闻作为“格物”对象，所“致知”的内涵即上述朴素人生观，诗人将其形象化，写成“遍身罗绮者，不是养蚕人”。“泪满巾”的确是“强烈的情感反映”，但它与所谓的“城市逻辑”毫无瓜葛，只不过是蚕妇对农民们惯有的朴素人生观、价值观有更深的情感体验相伴随罢了。唯其这样，《蚕妇》与《伐檀》虽然一脉相承，但更加感人，更有亲和力。

说到这里，还可以补充一点笔者个人同样的感受。许多年来，农民进城打工致力于盖高楼大厦的人数，何止成千上万。可当亭台楼阁、小区、别墅竣工之后，入住的没有一个农民工，他们到哪去了？回答是又到别处飞砖走瓦盖新房去了。此情此景，不免使我一再感叹《伐檀》、《蚕妇》所咏叹的生活状态，感到有某种不合理人生现象潜藏于此。这由来已久的感悟，使我对农民“格物致知”的思维习惯、运作成果以及有关的文学作品产生了强烈的认同意向，自然也就不满于余秋雨的贵族老爷式的指斥言论了。

有违“格物致知”的第三种表现，是论者抓住《蚕妇》诗的第一句“昨

日入城市”不放，认为这句话“非常确实地点明了诗作与城市的对立情绪”，还说什么“很有文化研究的价值”等。就全诗看来，这句诗分明交代的是蚕妇的行踪，亦即是蚕妇“格物致知”的切入点、出发点，作为“价值”的东西，此时此刻尚未露头，不知有什么“文化价值”可言。论者的所谓“诗作与城市的对立情绪”不仅在这一句诗中根本不存在，就是全诗也不曾有“与城市对立的情绪”。“格物致知”既是整个中华文化的思维习惯，是一把解开文化密码的万能钥匙，同时又是解读许许多多文化作品、文学作品的整体性方法，肢解式的寻章摘句，极容易破坏“格物致知”的精神成果。

学界类似论者的做法而直接谈论“格物致知”造成误解的，不乏其例。最近，有学者以《希格斯玻色子、格物致知与四大皆空》为题，在媒体上发表文章，用一大半篇幅谈论了“格物致知”。笔者以为，该文把“格物致知”与自然科学研究等同起来，以此为标尺来衡量中国传统文化，评论《易经》、《大学》、《传习录》等儒家经典以及朱熹、王阳明等哲学家，于是造成了一种文不对题式的全方位误读。

不错，“格物致知”的确需要作哲学、自然科学的讨论与辨析，否则就不能深入探讨其得失，也不能区分中西文化的差异之所在，然而最主要的精力却应放在实践意义上的中国文化的思维习惯方面的观察与思考。若不如此，势必迷失研讨的大方向。

在我看来，“格物致知”的概念虽迟至在《大学》中出现，又被朱熹、王明阳所谈论，但中华文化实际上运用这种思维方式的历史，早就由《周易》这部使先秦诸子都受益匪浅的文化典籍揭开了第一页。上述学者，由于误读了“格物致知”作为中华文化思维习惯的固有特征，连同这种历史渊源也一并误读。他有两大论点应当予以纠正：其一是“《大学》把儒学的根基设定在自然科学上”；其二是“中国传统文化的一个老病是缺乏求真务实的格物致知精神”（《中华读书报》，2013 年 1 月 16 日，第 5 版）。查《大学》全文，连“自然科学”四个字都不曾出现一次，凭什么断定它以“自然科学”为“根基”？“致知在格物”，“物格而后知至，知至而后意诚”仅此而已。由这两句话，所能得出的结论，只能是《大学》在中国文化史上首次明确提出了“格物致知”的概念。

其二，论者所说“中国传统文化的一个老毛病”，是什么“缺乏”“格物致知精神”，这完全不符合事实，事实恰恰相反：中国文化充斥着这种精神，以致成为所有文化人都离不开的思维习惯。从《易经》开始运用它，日后先秦诸子、历代文人作家，直到鲁迅，莫不将它运用自如，大获成功。

这种贯穿、堆积在中国文化史上的事实，为什么大家都视而不见呢？说来有趣，这就是被朱熹和王阳明这两个大哲学家弄糊涂了。本文不打算讨论这个文化史上的大公案，仅直接略谈笔者的理解。

“格物致知”的基本意思，是人们在思考任何问题的时候，都得以感性存在的外部对象实体为本源，然后通过联想、推理的中介手段得出所需要的最终结论。我之所以认为《易经》是率先运用这种思维方式的文化史上的代表作，就是因为它用六十四个卦象模拟天道与地道的种种天文、地理、气象，这就是“格物”；每一卦所寻求的人道，无不与相应的天道、地道相呼应，从而得出该做什么、不该做什么的结论，这就是“致知”。《易经》专家往往把这种思维模式、习惯称之为“卦象思维”，这是不错的，但过于偏执。考虑到日后文化人广泛从中受益，逐渐把“卦象思维”改造为“格物致知”思维，故一并以“格物致知”视之论之比较合适。

试看庄子全书，日月星辰、飞禽走兽、山河泥石、云雾雨雪之类应接不暇，都有鲜活的生命，会思想，能说话，与庄子看透一切、猛烈抨击一切的自由活泼思想融为一体，无不是“格物致知”的铁证。庄子应是先秦诸子中最善于“格物致知”的思想家。

老实而本分的孔子，热心的是现实的修身、齐家、治国、平天下的当务之急，他的“格物致知”也就在身边的人和事上面下工夫。例如，他看到季氏“八佾舞于庭”的越礼行为，立即产生了“是可忍，孰不可忍”（《论语·八佾》）的礼法理念；他发现宰予白天睡懒觉，就有了“朽木不可雕”的评价，并形成了“听其言而观其行”的观察人的方法论（《论语·公冶长》）；他听到有人告发自己的父亲偷羊的案件，当下就有了“父为子隐，子为父隐”的家庭伦理主张（《论语·子路》）；他由子贡提出的“一言”管用“终身”的

趣味问题，急中生智地提出了“恕”字答案，并进而解释为“己所不欲，勿施于人”（《论语·卫灵公》）……这样的例子太多了，充分反映了孔子作为实践性的思想家在“格物致知”上的切实特色，同庄子形成了鲜明的对比，相得益彰。

至于鲁迅，他的“格物致知”的一贯方法，是有浓厚的历史情结，善于以史为鉴，尤其对法律问题的思考，更是离开了历史不说话似的。笔者在《鲁迅与法律》一书中曾用一章的篇幅，专门讨论了“鲁迅的法律思想方法”，将其概括为“历史·现实”情结，读者可以参阅。这里可作补充说明的是：当时没有引进“格物致知”的概念。现在反思起来，这个“历史·现实”情结，正是鲁迅思考他所处民国政府时期法律用以镇压共产党人和革命人民的实质等问题所仰仗的思想资料，亦即是“格物”的功夫，而得出的一系列他人所不能发的结论，就是“致知”的结果。可以认为，“格物致知”的传统思维习惯，传递到鲁迅手里，真可谓发扬光大到了极致，并形成了“历史·现实”的法律思维的稳定模式，这就是他的法律思想的一个鲜亮特色。

在西方文化中，“格物致知”没有什么地位。西方文化人善于作抽象的逻辑推理，从概念到概念的思维习惯占主导地位。因此，阅读西方人文社科论著，上述孔子、庄子、鲁迅用得精熟的那感性发酵似的东西，一样也找不到。尤其是那些用来借题发挥、隐寓哲理、论证结论的感性故事，双方人物对话之类，基本上见不到。也就是说，他们不知“格物致知”是何物，也不知实际运用它。最近，国学热居高不下。在这样的文化背景和语境中，法国国民教育部汉语总督学、法国地方语言文化学院教授伯乐桑有一段谈话，集中反映出中国与西方在思维习惯上的上述差异。他说：“国学对我们来说，比较好奇，和西方哲学不一样，没有形成体系，而且有时候是通过对话或者朴实故事的形式表现，正因为如此，我们很难以定性。这显然不是文学，又不像哲学，说它是中国思想，但是有点像哲学，又与西方哲学和古希腊哲学确实不一样，是不是文字造成的，这是非常值得探讨的一点。”（《中华读书报》，2013年2月6日第15版）老实说，中国文化人由于“当局者迷”的原因，很难像伯乐桑这样把中国文化与西方文化的差异说得这样明白。不过，在造成这种差异的原因上，他没有挖出“格物致知”的思维方式的总根源。只要稍加沟通，他就能运作这个概念，把上述意见讲得更透彻。

中国文化的得与失，都与“格物致知”思维习惯关系极大。回到余秋雨的文化观上，可知他云游海内外的古往今来的文化景点，描述各种文化景观，并随时随地发表感想与议论，无不是在运用“格物致知”的习惯性思维方式。因此，伯乐桑上述对国学的评价移到余秋雨身上，完全合适。也就是说，其文化论无系统性可言，似乎是文化论，又不像文化学者的理论见解，极为缺乏文化学理的实质理性品格。在我看来，对文化的全方位学理研究，对余秋雨来讲，充其量只能认为《何谓文化》等几篇文化演讲算是迈开了最初的几步，离建构完整的理论系统，尚有遥远的差距。

怎样解读佛经中的戒律

《西天梵音》是余秋雨谈佛教的专题文章，他本来有机会解读佛经中的法律文化，因为他注意到了佛教的戒律问题，可惜的是不仅仅局限在谈戒律的一隅，而且就连这一隅也弄得不知所云。他的说法是："佛教的第三特殊魅力，在于切实的参与规则。一听就明白，我是在说戒律。佛教戒律不少，有的还很严格，照理会阻吓人们参与，但事实恰恰相反，戒律增加了佛教的吸引力。理由之一，戒律让人觉得佛教可信。这就像我们要去看一座庭院，光听描述总无法确信，直到真的看到一层层围墙、一道道篱笆，一重重栏杆。围墙、篱笆、栏杆就是戒律，看似障碍却是庭院存在的可靠证明。理由之二，戒律让人觉得可行。这就像我们要去爬山，处处是路又处处无路，忽然见到一道石径，阶多势陡，极难攀登，却似一级一级的具体程序告示着通向山顶的切实可能。"（余秋雨《寻觅中华》）这样解读佛教戒律，似是而非，因为这是在佛经的法律文化宫殿之外的议论，丝毫也没有与它内在的意蕴沾边。

一旦走进这宫殿里面，其法律文化景观引人入胜，值得流连、称道的地方多得很。至少可以从三个方面加以说明：一是佛经中的戒律；二是佛经中的法律概念系统；三是佛经中的罪与罚的主题。

本文暂先讲佛经中的戒律问题。

一 戒律的制定

佛教经典称之为“三藏”，包括经、律、论三大组成部分，故有此称。其中律，就是戒律，为佛教徒的行为规范的总称。其制定的历史背景，可以追溯到古印度的《摩奴法典》，传说它是由人类始祖摩奴制定的，但成书时间很晚，从公元前2世纪到公元2世纪这四百年间陆续编辑成书。而佛教创始人释迦牟尼是公元前7世纪苦修成佛的，因此他只能按照传说中的《摩奴法典》的内容来烛照自己。这部法典，有法律、宗教教义和哲学等内容，世尊的思想、行为规范和教义，无疑是以这部传说的法典为源泉的。世尊在世时，戒律显然只能以口耳相传的方式在教徒内部流传。

戒律的正式结集、问世，是在释氏入灭之后。优婆离尊者经过八十次口诵，由人记录整理，终于产生《八十诵律》。一百年后，印度佛教徒内部对戒律问题发生争议，队伍分裂，于是各派相继推出自己的戒律，逐步形成五种戒律系统，即《根本说一切有部律》、《十诵律》、《四分律》、《五分律》和《摩诃僧祇律》。

关于戒律的经文，包括制缘、律文、犯缘和开缘四个项目。制缘，讲解制定各种戒律条文的原因。律文，是戒律条文，亦即是教徒的行为规范。犯缘，指的是违犯戒律条文的条件。开缘，即解除犯戒罪行的缘由。

鉴于戒律内容与执行活动的复杂性，佛学中形成了专门的学问，有的学者称之为戒学，也有学者称之为律学。称之为律学时，应当注意说明：中国古代的法学，习惯上称之为律学，因为它注重对法律条文的解释。不加区别，容易造成误解。

二　戒律的种类

佛教戒律可分为重戒律和轻戒律两大类型。其区分的标准是所犯戒律行为的严重程度。

重戒，通常指五戒和十戒。五戒是佛门弟子的基本戒律，无论在家或出家，都必须遵守。五戒是：不杀生、不偷盗、不邪淫、不妄语、不饮酒。

十戒，适用于年少、初出家的僧尼应遵守的戒律。十戒是：不杀戒、不盗戒、不淫戒、不妄语戒、不饮酒戒、离高广大床戒、离花戒、离歌舞戒、不蓄金银财宝戒、离非时食戒。

关于重戒，诸经说法有所不同。《梵网经》虽认为有十戒，但具体条文与上述十戒有出入，这里不一一说明。《善戒经》说有八重戒：杀戒、盗戒、淫戒、妄语戒、自赞毁他戒、贪悭不施戒、嗔哏不息戒、谤菩萨戒。《优婆塞经》说有六戒：杀戒、盗戒、大妄语戒、邪淫戒、说四众过戒、酤酒戒。

关于轻戒，更是众说纷纭。《瑜伽师地论》说有四十四种，《菩萨地持经》说有四十二种，《梵网经》说有四十八种，《菩萨善戒经》说有五十种，《药王经》说："菩萨四百戒、比丘二百五十戒、比丘尼五百戒。"现将《梵网经》四十八轻戒的第一条，全文抄录如下，供举一反三之用：

不敬师友戒

若佛子，欲受国王位时，受转轮王位时，百官受位时，应先受菩萨戒。一切鬼神救护王身，百官之身，诸佛欢喜。既得戒已，生孝顺心、恭敬心，见上座、和尚、阿阇黎、大德、同学、同见、同行者，应起迎奉，礼拜问讯。而菩萨反生憍心、慢心、痴心、嗔心，不起承迎礼拜，一一不如法供养。以自卖身，国城、男女、七宝、百物而供给之，若不尔者，犯轻垢罪。(《梵网经》)

这条轻戒，相当于我国古代的礼法，是对信徒的严格要求——对人要尊重，尤其要尊重长者，否则就视为犯了轻罪之一。

三　戒律的执行

佛经中的戒律为数不少，那么它们是怎样执行、落实的呢？我们可以从戒律执行的管理与程序两个方面加以考察。从管理上看，在释迦牟尼身边的优婆离专管戒律，他的责任感很强，曾当众宣称："我是如来众中纲纪。"（《楞严大义今释》）地藏菩萨是专职人员的首领，主管地狱的工作。阴司的阎罗王，是专管判决、处罚、关押罪犯的职能部门的主管，手下是众多小阎王，更有无数狱卒。

从执法程序来看，戒律落实全程有如下环节：

第一，进行戒律教育。释迦牟尼作为佛教创始人，不仅口授了许多戒律条文，而且不放过一切机会对信徒进行遵守清规戒律的教育。《佛为难陀说出家入胎经》详细记叙了佛祖对弟弟难陀进行戒律教育的故事。剃度之初，难陀有当国王的梦想，对天宫的荣华富贵生活很羡慕，对家庭生活恋恋不舍，佛祖就一边了解他的内心追求，一边讲舍身求法的道理，最后来了一次带他进地狱参观的绝招，让他亲眼看到地狱里的各种酷刑，甚至让一个狱卒亲口对他讲"难陀"将来会下开水锅受刑的威胁话语。从地狱出来后，释迦牟尼再一次告诫说："内有三垢，谓是淫欲、嗔恚、愚痴。是可弃舍，是应远离，法当修学。"（《佛说入胎经》）

在佛经中，类似戒律教育故事不少，可见执行、落实佛法和戒律，非常需要活生生的个案实例。

第二，灌输忏悔意识。诸种佛经往往宣讲信徒忏悔自己的过失的内容。《坛经》十品中，《忏悔品》名列第六位，主讲人是慧能大师。他对听众说："今与汝等授无相忏悔，灭三世罪，令得三业清净。"（《坛经》）进行忏悔，有消灭过去、现在、将来三世的罪过的功效，信徒谁不乐意做忏悔之事呢。慧

能大师还有忏悔诗句："但向心中除罪缘，各自性中真忏悔。忽悟大乘真忏悔，除邪行正即无罪。"（《坛经》）

早在从印度传入中国的第一部佛教圣典《四十二章经》中，就有第五章专门劝人忏悔的过错。"若人有过，自解知非，改恶行善，罪自消灭。"可见，上述唐代慧能大师的讲经与诗句，都深得释迦牟尼的真谛。

《金光明经》所载，有完整的忏悔思想、忏悔方法的说明。智者难陀共撰有四部忏法，除被称之为《金光明忏法》之外，其他三部是《法华三昧忏仪》、《方等三昧忏法》和《请观世音忏法》。

从认识论和方法论上说明佛教忏悔主题，目的只有一个，就是开导所有信徒严格遵守戒律，若有违犯，忏悔便是灭罪的大途径。

第三，进入具体执法阶段，在程序上共有四个步骤：首先，由地藏菩萨向涉嫌犯戒的僧尼众生发布预告：犯了什么罪，该受何种处罚，明言相告，决不含糊。如"遇杀生者，说宿殃短命报；若遇窃盗者，说贫穷苦楚报；若遇淫邪者，说雀鸽鸯鸯报"，等等。（《地藏经》）这一步意在警告，预防犯罪受罚。

其次，每月的初一、初八、十四、十五、十八、二十三、二十四、二十八、二十九和三十日，是各路神仙对众生罪业进行清算、定罪的时间，若当事人在这十天里面坚持斋戒，诵读地藏经，那么在一定范围内可以免灾。

再次，凡犯有轻戒者，必须举行忏悔仪式。从字面上看，忏，意思是请求别人原谅自己的罪过；悔，意思是悔悟和悔改，保证不再犯。具体做法是：当事者在座位上，或在后堂师父面前，或面对其他修行人，坦陈自己的犯戒事实，检讨过错，表示悔改，罪过就宣告消灭。这跟凡人在民主生活会上承认自己犯错误差不多，并无另外的处罚措施。

最后，对于犯重罪的人员，采取将其送入地狱的严厉惩处措施。具体办法为：罪人死后四十九天，如无人替他超度罪业，就由无常鬼把其鬼魂导入地狱，加以审判，视其罪行分别关进不同级别的地狱受苦刑。

最森严的是无间狱，其次是大地狱十八所，还有五百小地狱。各类狱中刑具多，刑种繁，能把鬼魂们弄得身破肢残，死去活来，没有尽头。有这么三个具体案例：

> 宝莲香比丘尼，持菩萨戒，私行淫欲。妄语行淫非杀非偷，无有业报。发是语已，先于女根生大猛火，后于节节猛火烧然，堕无间狱。琉璃大王、善星比丘……妄说一切法空，生身陷入阿鼻地狱。（《楞严大义今释》）

关于僧尼，众生犯重戒而入地狱的情形，在佛经中大量出现，反复强调，可见认真落实的精神是很自觉的。下面，就是地藏菩萨对佛母摩耶夫人讲解无间地狱状况所说的一段话：

“倘若有的众生，穿了出家人的服装，假装虔诚向佛，但内心贪恋俗世，将寺庙及僧众公共财产据为己有，为了名闻和利养，欺骗居士信众，违背佛门戒律，造出种种恶业。像这样的人，也要堕入无间地狱，即使经过千万亿劫的久远时日也还没有出头之日。”（《地藏经》）

在俗人看来，到地狱受罪是虚幻之事，不可信。须知，佛教坚信人有三世，即今生、前世和来生。因此，到地狱受罚就是必然的。

从以上简略说明可知，佛教的戒律作为宗教性的法律，从多方面吸收和反映了世俗法律的特质和特征。这种情形，并非佛教所独有，而是世界性的宗教所共有的现象。基督教的《圣经》有戒律，伊斯兰教的《古兰经》有戒律，印度本土佛教的《摩奴法典》有戒律，它们同时也是西方国家、伊斯兰国家、印度的世俗法律的重要表现与来源。中国佛教中的戒律以及其他法律文化现象，区别于这些宗教法律的地方，在于对国家法律不起什么实质性的作用，但在理性认识上却能从许多方面给我们以深刻的启示。这就是我们应当系统研究中国佛经中的法律文化的重要性和必要性之所在。

回头看看余秋雨的上述议论，明明提到了佛教戒律，等于即将打开法律的话匣子，可他却尽讲法律之外的话，这给广大急于了解佛教中的法律文化的读者造成了失望。

怎样评价老子

在给北京大学学生讲中国文化史课的时候，余秋雨用两堂课讲老子，课时分配不算少，然而并未解决问题。我以为，在怎样评价老子的问题上，论者有三大遗憾。

一 虚张声势同老子的低调哲学背道而驰

只要一提到老子，论者就不免虚张声势。他在好几篇文章中一再宣称，《老子》一书在德国每一个家庭拥有一本。到讲课的时候，把课题标为“世界性的老子”，在开讲之初强调说：“中国人如果失去了对老子的记忆，将是一个可怕的世界级笑话。”（余秋雨《北大授课》）没有讲几句话，紧接着以提问的方式，登峰造极地提出悬念，引发听者的极大期待值。他说：

> 关于老子，有几个问题，值得我们好好思考。老子仅仅写了五千字，为什么就能成为诸子百家中极重要的一家？为什么在中国历史上地位低于孔子的老子，却享有很高的世界威望？（余秋雨《北大授课》）

听众与读者的期待值，无非是在希望论者对大家关心的亦即是论者设计、预告的两大悬念作出解答。其结果，不仅迟迟没有出现，反倒又被新的悬念所吸引，因为在第一堂课行将结束之际，又出现了新一轮的虚张声势话语：“我们暂且撇开内容不管，光在表述方式上，老子就展现了一种让人仰望的简

约和神秘。”（余秋雨《北大授课》）

老子的哲学是十分低调的，在论者一再虚张声势的语境中谈老子的哲学，使人感到他在背道而驰。这如同用高音喇叭播放低音歌曲，不免走调失真。

要想把握老子哲学的低调特征，起点在究明老子低调对待自己的人生智慧。它集中在《老子》第二十章的论述之中。老子哲学的核心范畴“道”，不仅在于宇宙、自然、社会、国家、人间、万事万物之中，同时也在他本人的思维方式、行为方式以及自我评价之中。他的低调哲学起步于自我意识世界。他不以哲学家自居，而是把自己当做“人”中的一员，表示“人之所畏，不可不畏”。面对众人快乐的样子，老子自感淡泊，如同一个还不会笑的婴孩，那狼狈的情形，又像无家可归一样。尤其是下面一番表白，简直催人泪下：

> 众人皆有余，而我独若遗。我愚人之心也哉，沌沌兮！俗人昭昭，我独昏昏；俗人察察，我独闷闷。澹兮，其若海；飂兮，若无止。

这意思是说：众人过着富足的生活，只有我却像被遗弃了一样。我是不是太愚蠢、太无知了！世人都很明白，就我独自一个糊涂；世人都那样清楚，就我一个人不开化。我的生活道路像海浪翻滚不平静，像急风吹刮动摇不定，好像没有归宿、没有安身之处。

老子如此处处瞧不起自己，但并不心灰意冷，而是激励自己奋起直追。他说：大家都有用，只有我无能，虽然我和大家不一样，但我还要继续从“道”的母亲那里学习，不断提高自身修养。

非常可贵的是，老子把他的全部哲学见解都建立在低调音域之上，形成了一种不事张扬，不显山露水，尽可能向不被人注意的理性深层开掘的思想系统。《老子》第一章开宗明义的“道可道，非常道”六个字，可以说一举把读者引领到了低调哲学课堂，让我们一下就悟出了老子谈“道”的低调程度：规律这东西，可以说出来，但一旦说出来，它就变了样子，似乎不再是规律了。这种低调规律论，才真正有真理性。客观规律不是任何人随便一看、一说就可全部掌握的东西。当今的学术专著、政治报告、新闻媒体唱出了多少揭示规律、掌握规律、运用规律的高调，可到头来大多都干出了违反规律的

傻事。唯老子这样既承认规律的存在，又注意到规律难认、难循的事实，才是科学态度。

说到这里，余秋雨对老子评价的首要一点不足，是他没有把握到老子哲学的低调总体特征，而硬要制造一种高抬老子的语言环境来谈老子哲学，这就意味着还没开口发言讲正题，就已经把谈论对象弄走样了。

二 讲读老子原文有断章取义的倾向

到了第二堂课，该是揭晓论者所设计预告和读者期待中的答案的时候了，不料他用了语文课教学上的讲读法，总共照念了《道德经》中的七段原文，并用师生互动的方式，一一作了简略讲解。拿这一堂课的所有内容去对照论者预定的课题，谁都会发现二者对不上号，就是说所答非所问。

答非所问，本来就宣告了论者没有兑现自己的预言和许诺的失败，然而这种明显的大失败之中，还暗藏着学问之道上更具体的基本功上的小失败，这就是论者在讲读老子原文上，有突出的断章取义的毛病。

查论者所讲读的七段原文，分别选自《道德经》第一章、第二章、第十八章、第八十一章、第六十三章、第四十五章、第五十七章。前四段的讲读虽有可议之处，但毕竟在选取原文上是无可异议的，即没有差错，而后三段则是不能原谅的断章取义的语录加不负责任的议论。这样做，就大大歪曲了老子的哲学思想。

第五段原文，选自第六十三章："为无为，事无事，味无味……"被省略的部分是："大小多少，报怨以德。"论者的讲解，仅仅针对前面九个字，他说：

> 我希望同学们能够记住这简单的九个字。以无为当做行为，以无事来做事情，以无味当做好味。总之，不要刻意作为。做事是这样，为人也是一样，君子之交淡如水，真水不香，至味无甜，高人

永远不会摆出各种各样的姿态。（余秋雨《北大授课》）

实际上，这段话的哲理侧重点或落脚点在后面被略而未讲的地方，后面所讲，以前面九个字所讲的为一般原则，其用意在于让人们为人处世时要大度：把小的看成大的，把少的当做多的，以德报怨——绝不计较一己的得失。这是老子的人生哲学的重要观念之一，被弃置不顾，实在可惜之至。

第六段原文，选自第四十五章："大成若缺，其用不敝。大盈若冲，其用不穷。大直若屈，大巧若拙，大辩若讷……"被省略的部分为："躁胜寒，静胜热，清静为天下正。"这段话在阐释人生哲理的方式上，跟上一段话完全一样，即先讲一般人生哲理，然后归结到这样人生高度上：谁想在世上充当领军人物，谁就应当懂得并运用这些辩证法。论者将这落脚点的论述抛弃了，于是他的一大段讲解也就形同断线的风筝，不知飘落到哪里去了！

第七段原文，选自第五十七章："……天下多忌讳，而民弥贫。人多利器，国家滋昏。人多伎巧，奇物滋起。法令滋彰，盗贼多有。故圣人云：我无为而人自化，我好静而人自正，我无事而民自富，我无欲而民自朴。"请读者注意，原文被省略的部分，是老子哲学的一个观念，原文是："以正治国，以奇用兵，以无事取天下。吾何以知其然哉？"以此可见，论者所引用的一段话，是老子用以证论观点的材料，并非理性主张。由于这种断章取义的逻辑错误，论者在这里的一大通议论全部文不对题！

老子明明主张"用正确的方法治国，用权诈的手段用兵，用清静无为的政策来管理天下"，然后用设问句指出之所以这样做的事实依据。论者完全删去这理论前提及其议论方法，径直把事实论据当做老子的哲学理念加以议论，这就不可原谅了。

三　在整体评价老子哲学上留下一片空白

余秋雨在评价老子哲学方面的第三个遗憾，是至今没有一个总体评价，

留下的是一片空白。下面一段话，似乎可以算做余秋雨对老子哲学的总评价：

> 本来，孔子有太多的理由在文学上站在老子前面，谁知老子另辟奇境，别创独例。以极少之语，蕴极深之义，使每个汉字重似千钧，不容外借。在老子面前，语言已成为无可辩驳的天道，甚至无须任何解释、过渡、调和、沟通。这让中国语文，进入了一个几乎空前绝后的圣哲高台。（余秋雨《中国文脉》）

在我看来，这属于上面所说的虚张声势一类的空洞无物的议论，并非对老子哲学货真价实的评价。

本文认为，从文化角度对老子哲学作总体评价是很棘手的事情。余秋雨的文化解读的失败，已如上述。别的文化学者如何呢？我看到有一文化史著作对道家哲学做了相当全面的论述，感到没有与哲学家的老子研究相区别。困难的地方就在这里：文化学者对老子哲学既不能浮光掠影作泛泛之论，又不能包办代替哲学家去作哲学专业式的阐释，如何择要而谈，就难切入了。

在我看来，不妨仍然像上文谈过的那样，抓住老子哲学“低调”的总特征，对其作较充分的说明。这一点，绝对是哲学家们容易忽视的地方。

《道德经》全书的内容，主要是谈规律和辩证法，并用这些哲理来观察人生、国家、社会，处处可见其共同的“低调”特征。

老子用一个“道”来指称规律和辩证法，认为它极为重要，但在表述时从不夸大其词，而是说成看不见、摸不着：“视之不见名曰夷，听之不闻名曰希，搏之不得名曰微。此三者不可致诘，故混而为一。”（《道德经》第十四章）类似的说法还有不少，如第三十五章云：“道之出口，淡乎其无味，视之不足见，听之不足闻，用之不足既。”

儒家谈起治国，严肃得要命，老子谈起来却是平常心态，淡泊异常，他甚至把治理国家与油煎小鲜鱼相提并论：“治大国若烹小鲜。”（《道德经》第六十章）笔者深有体会，油煎小鱼若心慌不时翻动，就乱成一团糟，掌握好火候则一条条又焦又香。老子的用意，正是以此作比，治理大国乱翻身，就会导致国家乱成一团糟。十年“文革”，我们就是因为如此而吃了大亏。

善于依照规律办事，在当今学人说来，一定是许多动听的言辞，诸如

"实事求是"，"科学态度"，"多做调查研究"……大套大套的道理。老子说起来，又是很淡很淡的几句话：圣人想别人不愿想的问题，不把稀有之物看得很贵重；学习别人不愿学习的知识，用以扭转众人的过错。圣人按照万物的自然本性去促使它们成功，不敢把人为的东西强加在上面。（《道德经》第六十四章）

笔者对这段话中的"欲不欲"、"学不学"格外感兴趣，以为当今文化学者可以从这里得到学问之道上的巨大启示。例如说，当今文化人几乎都是法盲，在学术论著与演讲中，只要涉及法律就往往错误百出。根源就在于他们不想、不学法律。而文化学者一旦对法律"欲不欲"、"学不学"，恰好具有自救和治病救人的重要学术意义。

最后我想说的是，老子常用水作比，让人们在自我修养时学习水的德行。他说：道德高尚的人像水一样。水给万物以生机却不与万物相争，身处众人不喜欢的低位，因此水的行为差不多合乎道的原则。（《道德经》第八章）

老子还用浊水的状态寓含人生哲理，认为除了得道之人能安于浊水状态之外，一般人总是想让浊水安静下来，慢慢澄清，然而过了不久又搅混了。（《道德经》第十五章）这言外之意，是说圣人不追名逐利，故能应付任何生存环境，而势利之人总是被名利之心搅得不安宁。

总之，老子的低调哲学不讲空话、大话，而是以微言见大义，又可称之为微言大义的哲学。

说到这里，可回头试对老子哲学在德国普及到每一个家庭的原因作出解释。老子的低调哲学在思维方式上虽没有彻底摆脱中国文化特有的格物致知模式，但从概念到概念的逻辑思维占上风，这是有目共睹的事实。只要把老子同孔子、庄子比较一番就可知道，孔、庄们习惯的人物对话、讲故事、谈日月星辰之类的现象在老子书中少见，他往往直接发议论。这种思维和表述方式，跟德国哲学家们基本一致，故容易被德国民众所认同。此外，老子的低调、简约风格，对比康德、黑格尔们的长篇大论，会有一种别样的新鲜感，这也是吸引德国人民群众的原因之一。

怎样评价孔子

在中国几千年的文化史上，没有哪一个文化人有孔子那样顽强的生命力。新文化运动中“打倒孔家店”的口号此起彼伏，他硬是挺了过来。“文革”中的评法批儒又一次响起了“打倒孔老二”的呼声，他还是挺了过来。如今，国际儒学会成立近二十年，孔子学院在世界各地建立已达到两三百所。孔子早就成了世界文化名家伟人。那么，这一切是不是等于说，我们对孔子的评价越来越合乎孔子的实际，因而也越来越意识到孔子之所以伟大的真正文化内涵呢？我的看法，说出来可能会让学界大为震惊：许多学者所解读的孔子，连平面形象都模糊不清，更不要指望把立体的形象推到读者眼前了。

拿余秋雨的孔子论来讲，他花费的口舌和笔墨不算少，更有“寻找真实的孔子”的许诺与追求，然而事实却是在《论语》之外大讲孔子周游列国的经历，此外就是大讲《论语》关于君子与小人相区别的一些语录，然后就是“君子之道”如何，“中庸之道”如何。如此而已，这是“真实的孔子”吗？我看没有多少人会点头认可。

别的学者的孔子论，大多都依《论语》提供的材料，以为“仁”在其中出现了一百九十多次，故认定孔子的核心思想是“仁”。这是莫大的误读，却风行已久，几乎成了定论。事实却是孔子在《论语》中是礼法思想家，他的“仁”落实在“礼”之上，证据是他的一句名言：“克己复礼为仁。”真正寻找“真实的孔子”，首先就应当整合《论语》中七十五个“礼”字所传达的礼法思想系统。

由于中国当今文化人百分之九十五以上是法盲，根本讲不清“礼”的法律属性与内容（笔者有专文讨论这一弊病），余秋雨虽算不上法盲，也讲不清这个问题。这就是我所指的孔子的平面形象都被弄得模糊不清的具体表现。

若要取用既有的文化材料，打造出孔子固有的立体形象，除了看《论语》之外，还得披阅《周易》、《孔子家语》、《孝经》、《礼记》、《庄子》等书。在这些书中，除了强化孔子的礼法思想之外，另外又从不同侧面塑造孔子的文化形象。《周易》部分，显示的是孔子阐发《易经》智慧的学者的侧身像。他对《易经》的整体评价很高，说："《易》其至矣乎!"接着就有一段具体解释。此外，他还讲解了若干具体卦象的智慧之所在。下面，我要把孔子分析犯罪心理的一段话推荐给读者，因为孔子在我国率先开创了犯罪心理研究之先河，却从不见有学者谈论。再说，这一心理分析在今天仍有认识意义。孔子说：

> 作《易经》的人大概知晓盗寇的心理吧。《易经》说，"负且乘，致寇至。"意思是，背东西，是奴仆做的事；乘坐的车，那是君子的东西。作为奴仆去乘坐君子的车，盗寇就会想到去抢劫他。在上位的懈怠，在下位的暴戾，盗寇才想要攻伐他。懒于收藏会招引盗寇，打扮妖艳会诱惑奸淫。《易经》说，"负且乘，致寇至"，就是在讲招来盗寇作案的因果关系啊。(郭彧评注《周易》)

《孔子家语》中的孔子，兼具法律理论、思想和执法实践，是一个今天都很难见到的全面发展的法律人。在法律思想上，孔子的礼法思想进一步强化，同时更重视刑法，有把礼法与刑法结合的思想倾向。他指出："圣人之治化，必刑政相参焉。太上以德教民，而以礼齐之，其次以政焉。导民以刑，禁之刑，不刑也。"(《孔子家语·刑政》)他还有审理各种刑事案件的原则和方法上的主张："凡听五刑之讼，必原父子之情，立君臣之义以权之。意量轻重之序，慎测浅深之量以别之。……大司寇正刑明辟以察狱，狱必三讯焉。"(同上)对于法律诉讼程序，孔子也有说明。"礼不下庶人，刑不上大夫。"这句话大家都知道。法学家对此作的解释是：这是古代刑法实施的一条原则。若想了解其真正法理之所在，还得听孔子的。我读到此处，不禁在书上批了一个"妙"字。有一次，冉有提出这句话作何理解，孔子作了详细阐释：

> 古代的大夫，有犯不廉污秽之罪而被罢免放逐的，不叫做因不

廉污秽而放逐，而叫做“簠簋不饬”。有犯淫乱或男女无别罪行的，不叫做淫乱或男女无别，而叫做“帷幕不修。”有犯罔上不忠罪行的，不叫罔上不忠，而叫做“臣节未著”。有犯软弱无能不胜任其职之罪的，不叫做软弱无能不胜任其职，而叫做“下官不职”。有触犯国家法纪之罪的，不叫做触犯国家法纪，而叫做“行事不清”。这五种情况，大夫既已自定罪名了，仍不忍正面直呼他有罪。接着还要为他隐讳，这是为了让他们感到羞愧。(《孔子家语·五刑解》)

以下还有一大段说明，恕不抄录。仅从抄录的一半，已可清楚看出，“刑不上大夫”指的是让犯罪大夫主动认罪，同时朝廷有意照顾他们的自尊心，用隐语指称其罪行。“礼不下庶人”，同样有不责备庶民礼法不周的行为，因为他们忙，没有时间专门学习礼法。孔子的这番讲话，使人仿佛坐在课堂上听法学教授讲课一样，顿时解开了一直解不开的疑团。

从执法实践来看，孔子刚出仕时当的是县官，不到一年，执法成果显著，鲁定公把他提升为司空。又因为执行礼法、刑法有成，升任鲁国大司寇。期间，有父子相讼的案子，孔子将二人关进同一间牢房，三个月不判决。父亲耐不住，要求中止官司，孔子就把父子都释放了。为此引起一场法理之争。孔子坚持的是法律处罚应依社会风气而转移，不要片面强调苛严。

以上所谈，我对孔子印象是很好的，可有两件事我大为不满：一是当大司寇几天，就把大夫少正卯处了死刑，还要陈尸示众三天；二是在鲁、齐两国君会晤的文艺表演场上，孔子下令把齐国的小矮人演员判处了死刑。对于前者，孔子把“五恶”的罪名加于少正卯，每一“恶”其实不过都是语言不慎而已。对于后者，强加的罪名是“戏弄诸侯”，处死后还要砍其手足。实事求是地讲，孔子是仰仗执法大权，滥杀无辜。这两件错案，是孔子一生的两大污点。如果世界各国早早知道这两大污点，孔子学院的遍布世界恐怕大受阻碍。我想，让国际社会知道孔子的两大污点，是迟早该做的文化求实工作之一。

《孔子家语》中的孔子，为维护礼法尊严而歪曲历史事实的行为，也叫人反感。子贡问孔子：晋文公在温地的会盟，实际召请来周天子，而让诸侯来朝见。你老人家编写《春秋》时，为什么把这件事写成“天王在河阳打猎”呢？孔子回答说：以臣下的身份召请天子，这不可效法。所以我要写成是晋文公率诸侯来朝见天子。（《曲礼子贡问》）这种歪曲史实的做法，理应遭到病诟。记得胡适有言：历史是任人打扮的小姑娘。不知是否以孔子作了此说的论据。

《礼记》中的孔子，最值得一提的是他在《中庸》中的言论。《论语》仅提出“中庸”是最高德行，而在《中庸》里，孔子对君子之道与中庸之道进行了大力整合，从而使二者形成一个不可分割的文化丛。对此，笔者有专文讨论，此处从略。

《孝经》里的孔子，俨然是一个家庭伦理道德的学者，每每讲孝道的重要性，把孝道的“治家”功能提升到“治国”的高度，将二者相提并论。与孝相辅相成的，还有悌，其功能是用以“敬天下之为人兄者”。对于不行孝道的行为，孔子认为是最严重的犯罪，主张严惩。他说：“五刑之属三千，而罪莫大于不孝。”（《孝经·五刑章》）

鉴于孝道的重要性，孔子认为要开展孝道的教育工作。而做这一工作并不是要在形式上挨家挨户进行宣传，逢人就当面教他如何行孝，而是要从自身做起，用亲身孝敬父母的实际行动作出榜样，让天下人知道怎样孝敬父母，尊敬兄长，忠于人君。

孔子作为庄子的辩论对手，常常被请进入庄子的各种寓言故事。这里应当注意两个方面：一是孔子对庄子的至人、神人、圣人、天人等人格理想图谱总是被迫认同，发表各式各样的一致意见；二是在《盗跖》篇中，孔子遭到跖的当面奚落，狼狈不堪。第一方面，有专文讨论，这里不谈。现谈谈第二个方面的情形。

研究《庄子》的学者很少谈书中的孔子形象，这有损于我们了解孔子的全貌。也许，人们可找到拒谈的理由：孔子在《庄子》中的言行，是庄子的虚构，并非真实材料。我以为谈谈无妨。庄子的虚构属于艺术手段，不追求现象的真实而追求本质的真实，把孔子放在庄文中考察一番，也许能驱赶走学人神化孔子的偏颇。再说，孔子在被视为儒家经典的《春秋》中公然造假，

两千多年来我们有几个人有过异议？只默认孔子的史实造假，不顾庄子的艺术虚构，未免太不公平。因这两点理由，来读一读庄文《盗跖》中的孔子形象，不失为有趣味的文化评论工作。

跖，是我国古代奴隶起义的领袖，有的认为是黄帝同时代的人。他名字前面冠以“盗”字，是仇视革命的法律用语。李悝的《法经》中有“盗贼律”，就是对付革命暴动的专门法律。此后历代法律沿用，直到清代。庄子不可能有现代法律意识，故只能把跖称之为“盗”。究明了跖的身份，再读《盗跖》，会有不一样的感受。孔子未见跖之前，文章有跖率众起义的宏伟场面描写：

> 盗跖从卒九千人，横行天下，侵暴诸侯，穴室枢户，驱人牛马，取人妇女，贪得忘亲，不顾父母兄弟，不祭先祖。所过之邑，大国守城，小国入保，万民苦之。

相当现在一个军的兵力，暴动景象很有气势、威力。尽管有贬斥，应当是较客观地反映了跖的才能。在孔子眼里，此情此景是大逆不道，故对朋友柳下季说，我要去见你这个当强盗头的弟弟。柳下季心目中的跖，则又是一副神态：

> 跖之为人也，心如涌泉，意如飘风，强足以距敌，辩足以饰非。顺其意则喜，逆其心则怒，易辱人以言。

在先秦时代，跖第一次被摘去了“盗”的大帽子，仅此一字，就使人立时增添了对庄子的一分敬意。平日跖的人格也招人喜爱。孔子不听劝阻，非见跖不可。跖听完孔子自报家门，立即怒火中烧，把一句“巧伪人孔丘”的非礼粗话当做了见面礼。接下来是一顿连珠炮般的猛烈攻击言辞：

> 尔作言造语，妄称文武。冠枝木之冠，带死牛之胁，多辞缪说。不耕而食，不织而衣。摇唇鼓舌，擅生是非，以迷天下之主，使天下学士不反其本。妄作孝悌，而侥幸于封侯富贵者也。子之罪大极重，疾走归！不然，我将以子肝益昼脯之膳。

这里亮出的是孔子的负面形象。连当年呼喊“打倒孔家店”、“打倒孔老二”的口号的文化人，也不曾有过这等把孔子贬得一无是处的言辞。庄子对孔子不见得如此恨得咬牙切齿，只不过要借以压一压孔子的自命不凡的救世主的气势罢了。在这劣势气氛中，孔子委曲求全发表了劝降式的一番讲话。其开头一大半，孔子违心地为跖歌功颂德，还在其长相上涂脂抹粉："面目有光，唇如激丹，齿如齐贝，音中黄钟。"最后以封官许愿的方式，劝跖"罢兵休卒"。跖不听这一套，把孔子当做"好面誉人者，亦好背而毁之"的一类人，接着又是一顿连珠炮般的反击。整个反击言辞，引经据典，历数上古以来历代掌权者的不足，一直讲到眼前孔子为掌权者文过饰非，认为天下不称"盗丘"而称"盗跖"，实在不公平。然后，又杀了一通回马枪，做出了"黄帝不能全德"、"尧不慈，舜不孝，禹偏枯"的惊世骇俗的结论。最后，跖把孔丘的劝降言行讥讽为"诈巧虚伪事"。

结局，是孔子无功而返。庄子描述出孔子落荒而走的样子："执辔三失，目芒然无见，色若死灰，据轼低头，不能出气。"

以上我们赖以客观、完整地评价孔子的基本材料，都摆在了面前。若依《论语》、《易经》、《礼记》、《孝经》、《孔子家语》立论，孔子基本上是正面形象，也不乏批评孔子不足的依据。若依《庄子》中的孔子，尤其是《盗跖》中的孔子，则是负面形象，不仅毫无建树，而且是无立足之地。怎么办？我的想法是：以前五部书作打造孔子正面形象的依据，而以《庄子》中的孔子形象作参照系，按庄子心目中的孔子的诸种不尽如人意的价值尺度的指向，以今人的务实求真科学态度，对孔子整体思想、人格作出合乎分寸的评价。

迄今为止的孔子评价，有的失之于一味介绍孔子的人生经历，有价值的思想评论退居幕后；有的失之于片面，沉迷于某个角落而不能自拔；有的失之于引经据典泛滥，没有论者个人见解；有的失之于一味评功摆好，神化孔子。真实、可信、立体、褒贬得当的孔子形象，有待于文化人作认真研究才可塑造出来。

跖是负面人物吗

余秋雨的文化议论，常常把复杂的问题简单化，又常常把简单的问题复杂化，由此得出的结论就难免失之于主观臆断。把跖说成是“负面人物”，就属于把复杂的问题简单化了。

> 庄子所说的“盗亦有道”，与我们后来用这个成语时的意思很不相同。他幽默地完成了对儒家道德体系的“解构”：道德家们最喜欢用的那些命题，用在负面人物身上也完全合适。你看，对盗也可以蒙上五德的光环——圣、勇、义、智、仁，但它整个系统的根基却是盗。
>
> 这种解构，幽默中让人惊诧。原来世上的种种道德名号，就是送给不道德的人拿去玩的。对于真正有道德的人，一点也没用。（余秋雨《北大授课》）

这段话，貌似很有学问，什么“幽默”、“解构”、“道德体系”、“让人惊诧”、“根基”，全是学问家玩深沉的用语，实际上把跖认做是“负面人物”、是“不道德的人”才是论者的真实观点。经过花里胡哨的包装，这简单的否定性评价结论，就变得有诱惑性，似乎能使人只得乖乖认同，难以反驳，更难以从这里开拓出一个古老的极富文化内涵的课题。

本文认为，上述一大段话，是对跖这个古老文化课题的整体误读误解，绝非仅仅属于如何评价跖这么一个历史人物的一桩单纯、简单的小事。

一　古人把跖视为正面人物不乏其例

有人说跖是黄帝时代的人，多数人认为他是春秋末期的人。在古代典籍中，把跖当做正面人物的并非个别例子。跖在《庄子》中出现了两次，一次出现在《胠箧》篇中，一次出现在《盗跖》篇中，均是正面人物形象。余秋雨的“负面人物”论，针对的就是《胠箧》中的跖。庄子在这里指称跖的时候，并没有给他戴上“盗”的大帽子，而是径直称之为“跖”。这个细节不可忽视。余秋雨恰恰没有注意这一点，而是凭“记忆”习惯性地以“负面人物”视之论之。尤其在《盗跖》篇中，庄子让跖与孔子见面，跖口若悬河地当面把孔子贬斥了一遍又一遍，嘲笑他是“巧伪人”，应称之为“盗丘”才合乎情理。本指望去教训跖的孔子，不料反被跖臭骂了一通，败下阵来，形同槁木死灰。就在这样对比的描写中，跖与孔子一正一反的两个形象彻底打破了先秦时代的思想定式。

余秋雨若从《庄子》两篇文章的实际出发，无论如何也读不出跖的“负面人物”形象。

《吕氏春秋·仲冬·当务》中的跖，继承、发扬了当面训斥孔子的跖的文化传统，把尧舜以降的几个大圣人都放到了受斥责的地位。这位跖认为：

> 尧有不慈之名，舜有不教之行，禹有淫湎之意，汤、武有放杀之事，五伯有暴乱之谋。世皆誉之，人皆讳之，惑也。

颜之推的《颜氏家训》也把跖作为正面人物对待。此书把跖的得福长寿与颜回的短命、伯夷的挨饿、齐景公的富足强大相提并论，最后强调一个结论：“若引之先业，冀以后生，更为通耳。”这结论的意思是说，这些人的不同命运，若联系他们的先辈的所作所为，看成是受到前辈的一定影响，道理就更能讲得通顺了。

大家都知道，颜回是孔子最喜爱的好学生，伯夷是道德修养的楷模，齐

景公是著名的国君，颜氏书把跖与这些人并排在一起，应看到完全推翻了传统偏见，故把跖当做了正面形象加以肯定。

“负面人物”论显然不符合这些文化事实。

二　平等对待跖者大有人在

古代文化人平等对待跖，即摘去他头上的“盗”这顶大帽子，大有人在，这是又一文化事实。“负面人物”论同样抹杀了这样的文化事实。

《商君书》在一段话里三次提到跖，均直呼其名：“故善治者，使跖可信，而况伯夷乎？不能治者，使伯夷可疑，而况跖乎？势不能为奸，虽跖可信也；势得为奸，虽伯夷可疑也。”这里虽然把跖同伯夷作反复对比，用以说明治理国家的效果，但并无贬低跖的意思。在明理的作用上，二者是平等的，作者与跖的关系也是平等的。

《战国策·齐策六》云：“跖之狗吠尧，非贵跖而轻尧也，狗固吠非其主也。”这一回是跖与尧平起平坐。

《史记》提到跖好几次，态度不一，也有平等对待的例子，如：“跖、暴戾，其徒涌义无穷。”

《旧唐书·孙伏加传》：“古人云：跖犬吠尧，盖非其主。”

在所有这些例子中，跖头上都没有戴“盗”的大帽子，因而就不应把他当做“负面人物”。戴帽与摘帽，反映了不同的文化心态与立场，“负面人物”论无视这里的文化差异的缺憾再明显不过了。

三　当今文化人评价跖的两种倾向

两千多年过去了，跖已成为中国文化史上的名人。当今文化人对他的评价表现出两种不同倾向。以余秋雨为代表的是贬斥倾向。除余秋雨的“负面人物”论、“不道德的人”论，还有别的贬损说法。

有人说：“盗跖：春秋时有名的大盗，柳下惠的兄弟。”(《孟子》)

有一位学者的做法很有意思，庄子原文本是一个“跖”，他在作注解时给戴上了帽子：“跖：盗跖。”(《庄子》)

此外，还有肯定跖的倾向。笔者自然是支持这一倾向的。有的学者在为“跖”作注解时，既尊重历史事实，又有主观评价，且方向正确：

> 跖：即盗跖。相传为古时民众起义的领袖。名跖，“盗”是当时统治者对他的贬称。(《商君书》)

《辞海》的做法，颇值得称道。它不设“盗跖”的词条，而设“跖”词条，云：“亦称‘盗跖’。‘盗’是旧时的诬称。春秋战国之际人。”

面对今日学人评价跖的两种不同倾向，作简单表态是没有意义的。须知，在如何评价跖的这一具体文化细节上之所以两千多年未能达成一致，是因为它融入了太多的文化内涵，因此也只有在文化学的整合视角之下才能圆满解决问题。以当今的肯定论来说，只是大方向正确，而“盗”字不是一个“诬称”、“贬称”所能济事的。至于“负面人物”论，连大方向都不正确。

四　跖头上的大帽子之文化揭秘

“盗”这顶大帽子，在跖头上一戴就是两千多年，现在是通过文化揭秘的

方式来给他彻底摘帽平反的时候了。

首先，在古人那里，跖的行为不符合儒家的礼法与道义，这是儒生们称之为“盗”的原因之一。关于这一点，古人是能清醒识别的。“盗跖吟口，名声若日月，与舜禹俱传而不息；然而君子不贵者，非礼义之中也。”（《荀子·不苟》）

儒家的礼、义是维护等级制度的法律和道德，随着中国古代文化的现代化转型，它们的价值取向已成为历史陈迹，当年受其贬损、压抑的人与事，应当恢复原来的样子。因此，这里有着为跖摘帽子的重要理由。

其次，也是更重要的一点，“盗”为古代官方文化词语，尤其是法律上的专门名词。在李悝制定的中国第一部成文法典中，“盗律”置于首位，用来对付侵犯财产所有权的犯罪，如盗窃、抢劫。武装暴动、革命也被称之为“盗”、“强盗”。这两种法律意义上的“盗”，在《庄子》里都有所反映。上面已经提到，《胠箧》中的跖，在回答他的门徒的提问时，谈的就是盗窃他人住宅中的财产的行为，而《盗跖》中的跖，所带人马达九千多人，开展的是攻城入邑的军事活动，故孔子一见面就称跖为“将军”，这就是武装革命了。从法律的角度读庄子的这两篇文章，我们的收获是二者正确反映了中国古代的法律文化的本来精神面貌。

接下来要讨论的是今天如何看待这两种法律意义的“盗”呢？关于盗窃、抢劫财物的犯罪，古今中外法律都一律禁止和处罚，大原则是一致的，区别只在具体处罚规定千变万化。跖及其部下，不排除这里的犯罪的可能性。

至于武装革命、暴动，那是针对的奴隶制度，日后的几百次农民起义针对的封建制度，故今天应当加以肯定。毛泽东认为农民起义是推动中国历史发展的动力。我们应作如是观。关于这一点，中国古人是绝对认识不到的。这就叫历史的局限性和阶级的局限性。跖既是奴隶起义的领袖人物，我们今天应当为之叫好，把他头上的“盗”字号大帽子摘下来抛进历史的垃圾堆，理所当然。

中国奴隶社会和封建社会，都把跖和农民起义视为弥天大罪而严惩。如果今天的文化人依然看不到这一法律本质，仍以“盗”称呼他们，意味着继续站在早已过时的法律立场。

最后，作为文化学研究者，还应注意到，在马克思主义诞生之前，西方资产阶级法学家、法律思想家已经注意到人民群众对于不义的政府进行反抗和斗争的问题，他们称之为“公民不服从”的问题。赵明主编的《法理学》对此作了较详明的论述。其中有云：

在西方思想史中，公民反抗不正义的政府和法律，即公民不服从，有较长的历史渊源。至少在近代的启蒙思想家那里，反抗不正义的政府和法律，即革命，就已经成为公民的基本权利之一。

洛克、梭罗、罗尔斯等是“公民不服从”理论的代表人物。用这种理论反思中国的跖和几百次农民起义，法律强加于他们的“盗”的罪名，也应当彻底洗刷。可见，“负面人物”论实在是太落后了。

在中国文化中，关于跖的信息还有不少未能进入本文。笔者以为，跖是一种标志性的文化符号，标记着一股历时两千多年的文化支流。整合这一支流的全部信息，进行科学解读，可揭示和阐释官方文化与民间文化的尖锐对立、民间文化的宽容、当今学人不通法律的学理滞后与混乱等深层问题。

如何评价《隆中对》

如何评价《隆中对》？这是一个具体得不能再具体、简单得不能再简单的问题。然而，历来人文社会科学的学人所作的解释都不尽如人意。余秋雨先后两次谈到它，都以抽象的“文学价值”、“逻辑快感”、“快感”、“美感”将其打发过去。（余秋雨《寻觅中华》《问学余秋雨》）这不仅没有解决问题，反倒把问题弄得抽象、复杂了起来。我们不能不问余秋雨：你这是在阐释文化呢，还是在文化上捉迷藏？

一　误解《隆中对》者走马灯似的出现

了解一下历来学人误解《隆中对》者走马灯似的接连不断的盛况，也许有利于增强余秋雨的文化研究的责任感。

史学家、文学家以及其他社科学者对《隆中对》的解释基本上是一个共同的口径：当年二十几岁的小青年诸葛亮对于汉末的政治、军事形势了如指掌，给登门求教的刘备作了精辟分析，并拿出了对策，充分体现了诸葛亮的杰出政治才能和军事才能。多少年来，大家都这么说，从来没有谁提出异议。

如此解读《隆中对》的并非仅是当代文化人的专利。古人早就有类似先例。宋代洪迈也许是始作俑者。他的《容斋随笔》说：“诸葛亮堪称千百年来的伟大，他治军有方，用兵如神……假如没有徐庶的推荐，刘备的三顾茅庐，诸葛亮的一生必将如他说的那样：苟且保全性命于乱世，不求扬名显达于诸侯。他在隆中第一次见到刘备时，议论天下的形势。提出：不可同势力强大的曹操争锋较量，对于江东孙权也只能引以为外援而不能图谋。唯有刘表的荆州、刘璋的益州可以夺取。这些论断像蓍占龟卜一样准确无误，乃至他的一生都没有改变这一方针。”（王兴亚注评《容斋随笔》）

轮到余秋雨来发言，他闭口不谈学界古往今来众口一词的行情，却另起炉灶，抛出几个余秋雨文化概念，就糊弄过去了。究其原因，这种做法跟论者一向轻视文化细节、对文化作品不作具体解读的习惯关系极大。在回答学生提问时，余秋雨说过这样一段话：

> 这些年来，文化界有些人似乎越来越热衷于一些技术性的文化细节，而完全不在乎对大道、文脉时运、诗魂、意境、心灵、感觉的体验了，这真是文化上的一种万怕堕落。记住，文化之神永远大于文化之形，文化大道永远大于文化之术。对此，万万不可颠倒。（余秋雨《问学余秋雨》）

正是依照这种理解，余秋雨自致力于文化解释以来，除了写作文化散文，随时随地发表关于抽象的“大道”、“文脉”、“时运”之类的感悟之外，就是在作演讲、写论文时同样发表这类抽象的议论。《中国文脉》一文，可以说是这种云天雾地的文化议论的代表作。是此，对于一系列需要从文化细节入手的文化课题，余秋雨就一个问题也解决不了，硬要发议论，就等于什么也没有说，或者一说就出错。他议论《隆中对》而不知所云的毛病，就是这样产生的。

> 《隆中对》的文学价值，在于对乱世的清晰梳理。清晰未必有文学价值，但是，大混乱中的大清晰却会产生一种逻辑快感。当这种逻辑快感转换成水银泻地的气势和节奏，文学价值也就出现了。（余秋雨《寻觅中华》）

这种议论，除了未能确指的若干概念的连缀，等于什么也没有说。

那么，《隆中对》的细节是什么？它表现在刘备三顾茅庐向诸葛亮求教的背景、目的与收获这三个方面。建安元年（公元 196 年），刘备被汉献帝任命为镇东将军，封宜城亭侯。不久，刘备又当了左将军。到建安十二年（公元

207 年)，资深将军刘备屯兵新野，对当前局势、今后何去何从有所思考却心中无数，于是受徐庶极力推荐，登门求教诸葛亮。诸葛亮发表于隆中的一番谈话，是为《隆中对》。其大意是曹操已拥有百万之众，挟天子以令诸侯的威名远扬，谁也惹不起。孙权在江东势力也不小。你刘备应当以荆州、益州为根据地，然后向西南方向发展，这样就可成“霸业”了。对此，刘备如获至宝，声称诸葛亮对于我刘备来讲，真如同鱼得到了水。

这就是《隆中对》的细节。舍此，想谈清这一历史事件的文化内涵，是根本不可能的。

那么，抓住这一细节，是否就等于能够破解其中的文化密码呢？不。这里必须引进法律视角。以法盲眼光径直看诸葛亮的谈话，自然只能把诸葛亮看成是军事天才。若引进法律视角，或法律尺度，另外的结论就立马显现了。

二 《隆中对》应读作谋反大罪的宣言书

在法律视角之下，刘备和诸葛亮因隆中的一番密谋策划，已沦为闹独立，向汉献帝夺权，建立自己的小王国的犯罪分子。因而，《隆中对》是一份犯谋反大罪的宣言书。若汉献帝没有成为傀儡，仍有权发号施令，那么这密谋活动一旦曝光，刘备和诸葛亮就都要人头落地。

有人辩解说，汉献帝既然被架空，那么诸葛亮给刘备出谋划策，是合理的。其实，即便是傀儡皇帝，也不甘心自已的权力被剥夺，他总是要想办法稳住自已的江山，对于叛逆者一定要严惩。汉献帝下衣带诏，企图惩治曹操就是铁证。

还有一个好事例。李璘受父皇唐玄宗之命，东进平叛，他哥哥李亨乘机推翻了玄宗，自已称帝，成为唐肃宗。李璘带兵东进途中，接到肃宗旨意，命他返回成都，去保卫逃难至此的太上皇玄宗。李璘继续东进，被认为故意抗旨，于是兄弟俩很快交上了火。李璘在逃亡途中被擒杀，罪名是反叛朝廷，图谋割据。唐肃宗连自己的亲弟弟不听话都反目成仇，不能容忍，何况外人呢。由此可知，刘备、诸葛亮躲在阴暗的角落密谋另立山头，意在成就自己的“霸业”的行为，实属谋反大罪。

这并不难解的法理，为什么历代学人硬是看不出来呢？首先一个重要的原因，是受陈寿的《三国志》的误导。陈寿是西晋朝臣，而西晋政权是由曹魏政权禅代而来的，为此他不能不把魏认做“正统”，这就使他难以客观、公正地看待三国闹独立，瓜分汉代疆土，使其灭亡的真相。

率先篡国独立的是魏国，时间是建安二十五年（公元220年），在陈寿的魏书中，用“改建安二十五年为延康元年”一句话，就把曹丕的谋反大罪完全掩盖了。同样，对《隆中对》事件，陈寿依然只叙事，不定性，不评论。后人阅读起来，除了认同诸葛亮的非凡军事天才，还能看出别的什么东西来！

其次一个原因，是人文社科学人，绝大多数为法盲，对法律所知甚少，甚至一无所知，因此，文化作品只要涉及法律就一概读不懂。《中国文学史》、《外国文学史》之类的教科书，误读涉法文学文本的数量之大，谓之成千上万一点也不过分。误读误解《隆中对》也有这一原因。

刘备与诸葛亮在汉献帝下台的十三年前，就密谋篡位、夺权、独立，犯谋反大罪是毋庸置疑的。当然，青年诸葛亮的政治才能、军事天赋，并不因犯罪而不存在。对人物的评价，除了法律尺度更有其他许多尺度。

三 汉朝灭亡的法律原因

由《隆中对》的两名案犯逍遥法外的事例，可进一步顺藤摸瓜，找到汉朝灭亡的法律原因。事情并不难办，只要引用先秦法家韩非的两段话，即可破解此中法理。可是我们这样做，会遭到余秋雨的坚决反对。他曾一再表示想回避韩非，还想排斥韩非的学说，不料，又暴露出他文化观上的瑕疵。

几千年来的中国政权中，法家一直是一个核心结构。麻烦的是，它太普及了，一种畸形的普及。法家提出的“法、术、势”，除了“法”的概念比较艰深外，“术”和“势”的概念几乎成了一般文化人解读中国历史的基本门径。权术、谋术、拉帮结派、造势炒作……成了人们对中华文化的低层领悟而渗入很多人的骨髓。因此，我主张在学术上为法家正名，让他恢复作为一种古典政治学和管理学的宏大内涵，但在民族记忆上，却应当淡化它，不要火上加油，不要继续张扬。(余秋雨《问学余秋雨》)

这段话可议之处不在少数，暂且不多说。现在要说的只是，唯有“张扬”法家韩非，才可一针见血地指明汉朝灭亡有法律原因。韩非在《有度》中指出：“明主使其群臣不游意于法外，不为惠与法内，动无非法。法所以凌过外私也，严刑所以遂令惩下也。”汉献帝昏聩，绝不是什么“明主”，于是乎法律禁止群众“不游意于法外，不为惠于法内，动无非法”适得其反；曹操把汉献帝架空了，一贯为所欲为，孙权独占江东，已历时三代人；如今刘备与诸葛亮也蠢蠢欲动，意在哄抢荆州、益州作基地再图谋“霸业”。试想，汉献帝若有能耐，就不可能当傀儡皇帝，不当傀儡皇帝，他就有权严惩魏蜀吴由来已久的一系列违法犯罪活动，三国鼎立的局面也就不可能出现。

在《扬权》中，韩非把为非作歹的群臣比喻虎、狗，认为主上若丧失神力，国家就只有灭亡这一条路了。他的原话是：“主失其神，虎随其后。主上不知，虎将为狗。主不早止，狗益无已。虎成其群，以弑其母。为主而无臣，奚国之有？主施其法，大虎将怯；主施其刑，大虎自宁。法刑苟信，虎化为人，复反其真。”这段话很形象，用以说明汉献帝被曹丕赶下台，无力控制刘备们《隆中对》的密谋篡国活动的法律原因，再恰当不过了。

任何国家的法律，都会不约而同地严惩图谋篡国夺权的犯罪。马克思主义认为的武装革命、斗争，在统治者的法律中都被视为犯罪。孙中山领导的辛亥革命之于清代法律，共产党人领导的解放全中国的革命斗争之于民国政府的法律，都被视为犯罪。何况刘备、诸葛亮们的密谋活动，并非什么革命，其谋反犯罪性质毫无争议余地。如果他们的活动发生在今天，法律依然会严惩不贷。书生气十足的文化人在解读《隆中对》上的法律失误，并无深奥法理可言，然而他们就是讲不明白，可见法盲心态是很可怕、很可笑的。

本文郑重其事讨论这个由来已久的误读问题，就是希望文化界、理论界应当竭力避免犯诸如此类的学术错误。